중국어 예비교사를 위한

중국어 언어기능 교수법 디자인

오길용 지음

신아사

머리말

우리는 언어를 통해 의사소통을 하며 살아가고 있다. 오늘날 세계는 지구촌화 되었으며 외국어 구사 능력이 하나의 자원이 되었다. 그래서 80년대부터 한국에서도 중국어 열풍이 불었다. 90년대 초 중국이 개혁개방을 본격적으로 시작하면서 한국에서 중국어의 위상이 높았으나, 요즈음 중국이 경제성장을 통해 국제적으로 중요한 위치에 서게 되면서 미중 무역전쟁, 사드 배치 등 많은 정치경제, 외교적 갈등 속에 중국어 열풍도 시들어 가고 있다. 이러한 상황은 고등학교 제2외국어 교육 현장에도 그대로 반영되고 있다. 뿐만 아니라 대학의 중국 관련 학과의 경쟁률에 영향을 미치며 존폐 위기에 놓여 있는 것이 현실이다. 이러한 어려움은 당분간은 지속될 것이다. 그러나 한 나라의 외국어 교육은 국제 정세에 따라 다분히 유동적인 만큼 중국어의 이러한 감소에 예민한 반응을 보일 필요는 없을 것 같다. 한자어를 쓰고 있는 우리로서는 가까운 중국과의 무역 규모가 늘어날 수밖에 없고 앞으로 지속적인 문화 접촉이 빈번하게 이루어질 것이다.

따라서 중국어 교육의 내실 있는 발전을 위하여 교사 양성은 매우 중요한 교육이라고 할 수 있다. 교육부는 여러 차례 교육과정 개정을 거치면서 7차 교육과정은 화언행위, 듣기·말하기·읽기·쓰기 등 구어에 높은 비중을 두며 의사소통능력을 보다 강조하고 있다. 그렇다고 중국어 교육이 질적으로 발전해 온 것은 아니라고 본다. 지금까지 교수·학습 분야에 체계적인 연구가 있었다고 보기도 어렵고, 교사의 양성과정이 더 나아졌다고 하기도 어렵다. 듣기·말하기도 평가해야 하는가? 문화교육은 어떻게 시켜야 하는가? 등 수많은 질문에 당황스럽기도 하다. 중국어 교육에 관한 연구 자료도 부족하고, 교사용 지침서에도 자세히 설명되지 않아 현장에서 지도하는 교사들도 당황스럽기는 마찬가지이다. 이러한 맥락에서 중국어 교과내용 교수법 디자인에 이어 중국어 교사를 위한 중국어 언어기능 교수법 디자인이라는 명칭으로 이 책을 출간하게 되었다. 본서를 출간하게 된 배경은 대학에서 중국어를 전공하는 예비 교사와 교육 일선에 있는 중국어 교사로서 언어기능 교육에 필요한 지식을 체계적으로 확립시켜서 교육 효과를 높이는 데 그 목적이 있다. 표준화된 중국어 언어기능 교육법 디자인에 따라 양성된 교사들이 스스로 자신이 가지고 있는 지식의 틀을 더욱 전문화시킬 수 있는 기회를 제공하고, 중국어 교육 수준을 향상시키는데 많은 도움을 줄 수 있을 것으로 기대한다. 특히 AI시대에 다양한 교육환경과 학습자의 중국어 학습 동기에 따른 외국어로서의 중국어 교육의 효과적인 교수 방법을 제시하여 보다 효율적인 중국어 교육의 진행이 이루어질 수 있도록 하는데 보탬이 되길 바란다.

끝으로 어려운 시기에 출판을 허락해 주신 신아사와 편집인들에게 감사를 드린다.

2022년 12월

오길용

목차

제1장 중국어 교수법 개요

제2장 중국어 읽기 교육

제3장 중국어 듣기 교육

제4장 중국어 말하기 교육

제5장 중국어 쓰기 교육

제6장 중국어 문화 교육

제1장

중국어 교수법 개요

1. 제7차 외국어 과목 교육과정

1) 제7차 외국어 교육과정과 교수·학습

지식기반 사회의 흐름에 따라 제시된 제7차 교육과정은 건전한 인성과 창의성을 함양하는 기본 교육에 충실할 것을 목표로 하여 학습자 중심의 자율적 교육에 중심을 두고, 세계화·정보화·다양화 시대에 적응할 수 있는 자기 주도적인 능력을 신장시키는 데 목적을 두고 있다. 의사소통기능과 문화교육이 강조된 우리나라의 제7차 외국어 과목 교육과정의 기본방향은 다음과 같이 구체적으로 제시되고 있다.

〈제7차 외국어 과목 교육과정의 기본 방향〉

▌보통교과

- 세계화, 정보화, 다변화 시대에 능동적으로 대처할 수 있는 기초적 역량을 배양한다.
- 의사소통능력을 중시하는 교수·학습을 통한 자기 주도적 학습 능력을 신장시킨다.
- 외국 문화의 올바른 이해와 수용을 통해 국제적 안목을 갖춘 세계인으로서의 기본 자질을 함양한다.

■ 전문교과

- 일반계 고교 외국어 교과 수준보다 높은 이해력과 의사소통능력, 국제 관계에 대한 이해력과 건전한 비판력을 신장시킨다.
- 학술 연구와 직업 분야에 창조적으로 임할 수 있는 기본 역량과 식견을 배양한다.
- 외국 문화의 올바른 인식을 통한 세계인으로서의 자질을 함양한다.

이에 따라 제7차 외국어 과목 교육과정의 교수·학습 방법을 다음과 같이 구체적으로 제시하고 있다.

〈제7차 외국어 과목 교육과정의 교수·학습방법〉

■ 보통교과

- 지적 발달과 유용성 등을 고려하여 일상생활과 관련이 있는 쉬운 내용을 제시한다.
- 듣기, 말하기, 읽기, 쓰기 능력을 균형 있게 효율적으로 배울 수 있도록 교수·학습 계획을 수립한다.
- 개인별, 조별, 분단별 학습, 과제 등 다양한 방법을 통하여 학생들의 참여 의욕을 높임으로써 학생들이 자신감을 가지고 적극적으로 의사 소통 활동에 참여하도록 지도한다.
- 적절한 주제 및 상황별로 실제 장면을 연출하여 교사와 학생은 물론 학생 상호 간의 다양한 활동을 유도하여 학습한 내용이 생동감

있게 반복·활용될 수 있도록 지도한다.

- 수업은 가급적 해당 외국어로 진행하는 것을 원칙으로 하고, 학습 상황에 맞게 교실 언어를 최대한 사용하도록 권장한다.
- 학습 효과를 높이고 개별 학습이 가능하도록 워크북, 녹음테이프 등의 각종 도움 자료와 최신 시청각 자료 및 멀티미디어 교수·학습 자료를 적극 활용한다.
- 학습자의 의사소통 의욕을 높일 수 있도록 오류의 즉각적인 수정을 피하도록 한다.
- 다양한 교수·학습 방법을 사용하여 학생들이 외국어 학습에 흥미와 동기를 가지게 한다.
- 교과용 도서의 내용은 학생의 수준과 교수·학습의 상황에 따라 재구성하여 지도한다.

▮ 전문교과

- 학생들이 조별, 분단별로 토의와 토론을 통하여 의사소통능력을 기르도록 한다.
- 세부 내용의 이해에서부터 추론, 비판하는 안목을 기르는 데까지 지도한다.
- 원어민의 자연스러운 발음을 많이 듣고 적절한 표현을 익히도록 연습한다.
- 언어에 함축된 문화적 배경과 행동 양식의 차이를 이해하도록 한다.
- 각종 시청각 기자재 및 멀티미디어 자료를 활용하여 학습 효과를 높이도록 한다.

• 학생들의 흥미와 동기를 유발할 수 있도록 개인별, 조별, 분단별로 토의, 토론 등의 학생 중심 활동으로 표현법을 익힌다.
• 학생들의 영어를 처음 배우기 시작한 학년과 다른 외국어를 배우기 시작한 학년이 다를 수 있으므로 학과별 수준차를 고려하여 지도한다.

외국인과의 많은 접촉과 문화교류에 따른 시대적 필요에 따라, 제7차 중국어 교육의 방향은 중국어 문화권에 대한 전반적인 이해와 국제교류에 적극적으로 대처할 수 있도록 듣기, 말하기, 읽기, 쓰기의 네 가지 언어기능을 균형 있게 발전시켜 중국인과의 적극적인 의사소통능력 함양에 목표를 두고 있다. 이는 듣기와 말하기 영역에만 편중하게 되면 학습자의 지속적인 흥미를 유발시키기 어렵기 때문이다. 무엇보다도 중요한 이유는 중국어가 표의문자의 특성을 지니고 있기 때문에 쓰기 기능이 듣기, 말하기 기능과 서로 유기적인 관계를 가지고 있다. 그리하여 초보적인 학습단계에서도 듣기와 말하기 교육에 쓰기 기능을 접목시켜 연습시키는 것이 중국어를 학습하는데 보다 효과적이다. 반대로 듣기와 말하기에도 영향을 미쳐 중국어 교육의 상승효과를 거둘 수 있기 때문이다.

2) 중국어 교육의 문제점

중국의 국제적 지위의 향상과 경제적 영향력의 증대로 중국어 교육에 대한 관심은 날로 높아지고 있다. 특히 2008년 북경 올림픽 이후와 한류 현상 등으로 중국어 학습에 대한 열기는 가히 폭발적인 것이라 할 수 있다. 그러나 이러한 사회 분위기에 비해 고등학교에서의 중국어 교육은 활성화되지 못하고 있다. 중국어 교육을 저해하고 있는 요인을 몇 가지로 요약하면 다음과 같다.

첫째, 생활중국어의 활용 기회가 부족하다. 제7차 교육과정에 따라 의사소통능력이 중심이 되어 교육되고 있지만, 실제 대화를 통해 활용할 기회가 적으므로 단순한 연습으로 그치는 경우가 많다.

둘째, 대학수학능력시험에 중국어 과목이 미치는 영향이 적다. 우리나라에서는 제2외국어 교육의 성패가 대학입시와 크게 관계된다. 즉, 대학입시에서 중국어의 반영비율은 미비하고, 특히 2008년도 입시부터는 내신비중이 더욱 커지므로, 중국어 과목이 학생들의 관심에서 점점 멀어지고 있는 실정이다.

셋째, 한 학급에서 학생간의 실력차가 심하며, 중국어 의사소통능력 교육의 강화를 실천하기 위한 교사 1인당 학생수가 여전히 많다. 제7차 교육과정에 따라 주요과목은 수준별 학습을 하고 있지만, 중국어 과목은 제2외국어 과목인 선택과목이므로 학생들의 선택권한이 적다. 천차만별의 실력차로 구성된 고등학교 교실에서 비슷한 수준의 의사소통능력을 중심으로 수업을 진행하기란 어렵다.

넷째, 중국어 교육 학습시설 및 매체의 부족을 들 수 있다. 각 학교마다 어학실이나 시청각실, 멀티미디어실이 있다하더라도, 중국어 교육을 위한 제반설치와 자료가 부족하여 교사들이 직접 구하고 있는 실정이다. 때로는 교사가 직접 매체를 개발하려고 시도하지만, 매체 제작에 대한 지식이 부족하여 어려움을 겪고 있다.

다섯째, 충분한 중국어 의사소통능력향상을 위한 중국어 학습 시간이 부족하다. 학자들은 외국어의 기초를 익히기 위해 필요한 시간을 대략 450시간으로 잡고 있는 것에 비하면, 중국어 Ⅰ과목의 기준 수업 단위는 6단위(인문계 기준, 102시간)로 지나치게 적은 시간이다.

제7차 교육과정 교육 목표를 달성하기 위해서는 무엇보다도 학생들에게 다양한 학습 자료와 교수 방법을 접하도록 하여, 중국어 학습에 대한 흥미를 일으키게 하는 것이 가장 중요하다. 이에 실제 교실에서 효율적인 중국어 학습 환경을 만들기 위해서는 학습자가 중국어에 완전히 노출되어야 하고, 의사소통을 위해서 학습자에게 중국어를 사용할 기회를 많이 주도록 하며, 학습자가 중국어 학습과정에 적극적으로 참여하도록 동기부여를 하여야 한다. 학생들의 학습 동기는 교실환경이 매우 중요한 요인이다. 연구자들은 동기화와 성취 사이에 정적이고 매우 높은 상관관계가 있음을 꾸준히 밝혀왔다. 동기가 증가하면 보다 나은 학습태도와 흥미롭고 적극적인 학습 참여로 학습효과의 극대화를 가져올 수 있다. 이와 같이 학습 동기란 학습 환경 전체에 영향을 미치는 강한 요인이 된다.

2. 중국어 교과과정의 목표와 내용

▌교과과정의 목표

- 일상생활에 필요한 기초적인 중국어 의사소통 능력 배양
- 중국과 한국 문화의 상호 이해를 통해 의사소통 능력 및 균형적인 사고력 배양
- 기초적인 의사소통 표현의 이해와 활용
- 중국 문화의 이해를 통해 의사소통능력 함양과 상대 문화 존중의 자세 확립
- 다양한 매체 자료를 활용한 학습과 중국 정보의 활용 능력 배양

▌교과과정의 내용 및 성취 기준

① 내용 체계

<table>
<tr><th>영역</th><th>핵심요소</th><th>내용</th><th>기능</th></tr>
<tr><td rowspan="4">언어적 내용</td><td>발음 및 문자</td><td>· 현대중국어의 표준 발음 및 한어 병음
· 한자(간체자 포함)</td><td rowspan="4">· 발음 듣고 변별하기
· 발음 듣고 의미 파악
· 발음 듣고 따라하기
· 질문에 대답하기
· 상황에 맞게 대답
· 소리 내어 읽기
· 읽고 의미 파악
· 읽고 대의 파악
· 듣고 받아쓰기
· 정보 채워 넣기
· 문장 쓰기 및 작문</td></tr>
<tr><td>어휘</td><td>· 일상생활의 의사소통에 필요한 어휘 (기본 어휘 중심의 400개 내외)</td></tr>
<tr><td>문법</td><td>· 중국어의 기본 어순
· 기본 어휘의 용법
· 주요 구문(기본 표현)</td></tr>
<tr><td>의사소통 표현</td><td>· 감정, 의사 표현. 사실 및 정보 전달. 요구 및 승낙 표현. 생활 관련 의사 소통 능력을 효율적으로 기를 수 있는 내용</td></tr>
</table>

문화적 내용	문화	· 중국 개관 · 언어 문화 · 생활 문화 · 예술 문화 · 전통 문화 · 기타 인물, 역사, 지리, 문학 등	· 의사소통 상황에 적응 하기 · 모듬 활동하기 · 체험하여 이해 하기 · 상호 비교하기

② 언어적 성취 기준

㉠ 듣기

- 학습요소 : 의사소통 기본 표현

• 사교의 표현 : 만남, 인적 사항, 연락처, 약속, 축하

• 감정 및 의사 표현 : 감사, 사과, 기쁨/즐거움, 만족/불만, 동의/반대, 칭찬, 걱정/위로

• 사실 및 정보 전달 : 묘사, 설명, 경험, 비교, 선택, 추측, 조건

• 요구 및 승낙 표현 : 명령/금지, 부탁, 건의/제안, 승낙/거절

• 생활 관련 표현 : 시간, 날짜, 날씨, 구매, 식사, 건강, 통신, 취미, 교통, 학교생활

- 성취 기준

• 발음(성모, 운모, 성조)과 모음도를 기초로 주요 모음과 성조의 배합, 성모와 운모의 교체를 통해 듣고 구별

• 낱말, 문장, 대화를 듣고 의미 파악

- 교수·학습 방법

• 발음 듣고 성모, 운모, 성조 찾기(음절보다는 의사소통에 필요한

단어 중심으로)

- 억양에 따라 평서문, 의문문, 감탄문, 명령문을 구별하여 적절히 반응하고 행동하기
- 낱말, 문장을 듣고 그 의미를 그림이나 동작으로 표현하기
- 기초적인 의사소통 표현을 듣고 반응하기
- 글, 대화를 듣고 핵심어 파악하여 전체적인 의미와 화자와 의사소통하기
- 글, 대화를 듣고 문장 순서 배열하기

- 유의 사항

- 듣기 교육은 듣고 말하기, 듣고 쓰기 등 다른 언어 기능과 통합하여 활용
- 발음 듣기 연습은 음절 > 단어 > 표현 단위로 확장

- 평가 방법

- 발음의 변별력 및 기초적인 의사소통 표현 능력을 평가

ⓛ 말하기

- 학습요소 : 생활 관련 의사소통 기본 표현

- 사교의 표현 : 만남, 인적 사항, 연락처, 약속, 축하
- 감정 및 의사 표현 : 감사, 사과, 기쁨/즐거움, 만족/불만, 동의/반대, 칭찬, 걱정/위로
- 사실 및 정보 전달 : 묘사, 설명, 경험, 비교, 선택, 추측, 조건
- 요구 및 승낙 표현 : 명령/금지, 부탁, 건의/제안, 승낙/거절

• 생활 관련 표현 : 시간, 날짜, 날씨, 구매, 식사, 건강, 통신, 취미, 교통, 학교생활

- 성취 기준
• 기초적인 생활 관련 의사소통 표현 및 능력

- 교수·학습 방법
• 낱말, 문장을 듣고 정확하게 말하기(발음 평가)
• 문장을 듣고 상대방에게 이어 전달하여 말하는 모듬 활동을 통해 반복 연습
• 사교의 표현 등 질문을 듣고 대답하기
• 교실 안의 사물을 가리키며 묻고 대답하기
• 학습한 문장을 성조에 유의하여 자연스럽게 대답하기
• 상황을 제시하고 그에 적합한 의사소통 표현을 말하기
• 시간, 구매, 통신 등 다양한 주제를 활용하여 묻고 대답하는 연습
• 유사한 상황을 재구성하여 역할극으로 연습하기

- 평가 방법
• 문장에 대한 발음의 정확성과 기초적인 의사소통 능력

ⓒ 읽기

- 학습요소 : 의사소통 기본 표현
• 사교의 표현 : 만남, 인적 사항, 연락처, 약속, 축하
• 감정 및 의사 표현 : 감사, 사과, 기쁨/즐거움, 만족/불만, 동의/반대,

칭찬, 걱정/위로
• 사실 및 정보 전달 : 묘사, 설명, 경험, 비교, 선택, 추측, 조건
• 요구 및 승낙 표현 : 명령/금지, 부탁, 건의/제안, 승낙/거절
• 생활 관련 표현 : 시간, 날짜, 날씨, 구매, 식사, 건강, 통신, 취미, 교통, 학교생활

- 성취 기준
• 한어병음이나 문장을 소리 내어 읽기
• 끊어 읽기에 유의하여 문장 낭독
• 메모, 편지, 이메일을 읽고 내용 파악
• 지시문, 안내문, 지도 등을 읽고 정보 파악

- 교수·학습 방법
• 한어병음이나 문장을 정확하게 발음하도록 교수
• 성조 및 성조 변화에 주의하여 읽기
• 끊어 읽기에 유의하여 낭독하기
• 문장이나 글을 읽고 이에 해당하는 내용이나 그림 등을 찾기
• 대화문, 글, 문장을 읽고 주제나 요지, 맥락 파악하기

- 평가 방법
• 정확하기 소리 내어 읽을 수 있는지를 평가
• 글을 읽고 주제나 내용 파악 능력 평가

㉣ 쓰기
- 학습요소 : 의사소통 기본 표현

• 사교의 표현 : 만남, 인적 사항, 연락처, 약속, 축하
• 감정 및 의사 표현 : 감사, 사과, 기쁨/즐거움, 만족/불만, 동의/반대, 칭찬, 걱정/위로
• 사실 및 정보 전달 : 묘사, 설명, 경험, 비교, 선택, 추측, 조건
• 요구 및 승낙 표현 : 명령/금지, 부탁, 건의/제안, 승낙/거절
• 생활 관련 표현 : 시간, 날짜, 날씨, 구매, 식사, 건강, 통신, 취미, 교통, 학교생활

- 성취 기준

• 문장을 어순과 낱말의 용법에 맞게 작성
• 간단한 서식에 기본 정보 기입
• 메모, 편지, 이메일, 일기 등을 작성

- 교수·학습 방법

• 처음에는 낱말 > 간단한 문장을 한어병음으로 쓰게 하고, 점차적으로 한자를 사용하여 쓰게 하기
• 빈칸에 낱말이나 간단한 표현을 넣어 문장 완성하기
• 간단한 서식에 기본 정보 기입하기
• 주어진 낱말을 어순에 맞게 배열하여 문장 완성하기
• 일정한 주제를 제시하여 작문하기
• 대화나 글에서 낱말이나 표현을 바꿔 유사한 글 쓰기

- 평가 방법

• 낱말의 용법과 어순에 유의하여 문장을 쓸 수 있는지 평가
• 메모, 편지, 이메일, 일기 등을 작성할 수 있는지 평가
• 빈칸에 낱말이나 간단한 표현을 넣을 수 있는지 평가

③ 문화적 성취 기준

- 학습요소 : 의사소통 기본 표현. 문화 관련 정보
• 중국 개관 : 국기, 언어, 소수민족, 인구, 행정 구역 등
• 언어 문화 : 인사, 호칭, 숫자, 해음, 언어 예절 등
• 생활 문화 : 여행, 운동, 가족, 하루 일과, 학교생활, 건강, 취미, 교통수단, 식사 등
• 예술 문화 : 연화, 연극(경극), 음악, 문학 등
• 전통 문화 : 명절, 의식주, 전통 놀이, 전통 공예 등
• 기타 : 인물, 역사, 지리 등

- 성취 기준
• 중국문화 이해를 바탕으로 상황에 맞는 기초적인 의사소통 표현 적용 능력
• 중국문화의 다양성 조사 및 이해 능력
• 중국문화와 우리 문화 비교를 통한 문화의 다양성을 존중하는 태도 배양
• 중국문화 이해를 바탕으로 한 세계 시민으로서의 자세

- 교수·학습 방법
• 생일, 명절, 음식 등 일상생활과 관련된 문화 이해와 표현 연습
• 전통 의상, 놀이, 공예 등 전통문화와 관련된 다양한 활동을 진행하며 체험
• 중국 영화, 음악, 경극 등을 감상하여 중국 예술문화 이해 학습
• 중국문화 관련 자료 조사 및 모듬별 발표

• 중국문화 소개 책자 및 홍보 포스터 등 안내 자료 구성하기
• 중국문화 관련 모듬별 역할극을 통해 이해한 내용을 표현하기
• 우리 문화와의 차이점 및 유사점 비교 발표

- 평가 방법
• 의사소통 관련 중국문화 이해도 평가
• 한중 문화 비교을 통한 공통점과 차이점 이해도 평가

④ 교수·학습 및 평가 방향

㉠ 교수·학습 방향

- 교육과정의 성격과 목표에 맞도록 교수·학습 계획을 수립
• 협력을 통해 공동 과제(문제해결) 학습, 배려와 공동체 의식 함양 등 인성교육 강화 방안 고려
• 의사소통 능력 신장을 통해 상호 이해와 개인의 창의성 개발
• 중국문화 이해를 통해 글로벌 능력 개발

- 학습 내용을 분석하여 교수·학습 계획을 수립
• 언어의 4가지 기능을 유기적으로 연계하여 통합적 교수·학습 방식 지향
• 학습 내용을 실제 상황에 활용할 수 있도록 학습 활동을 주제 및 상황별로 전개
• 의사소통 중심의 연습을 통해 학습 내용을 다양한 일상 생활에 맞게 적극 활용

- 문화 내용을 소재로 하여 언어 기능을 연습하는 언어 기능과 문화의 통합적 교수·학습 지향
- 학생의 성취 기준과 학습 동기를 고려한 학습자 중심의 교수·학습 계획 수립
- 중국어를 활용한 주제 및 상황별 학습 진행으로 의사소통 능력 배양

- 학습 동기 유발 방법, 활동 유형(개인, 2인, 모둠, 전체), 학생 수업 중심 활동, 수업 내용 확인 활동 등이 포함된 교수·학습 계획 수립

- 학습자의 외국어 사용 능력, 학습 유형 및 전략 등을 고려하여 학생 중심의 수업 활동을 하도록 교수·학습 방법 선정
- 학습자의 동기 유발, 흥미, 자신감을 고취할 수 있도록 역할극, 게임, 노래 등을 활용
- 소집단 활동 등의 상호 작용을 적극 활용하여 학습자의 자발적 참여 유도
- 정보 통신 기술 및 다양한 교수·학습 자료를 활용한 중국문화를 이해하는 수업 전개
- 학습자 중심의 과제 및 체험 학습을 통해 자기주도적 학습
- 자발적 학습 상황을 전개하여 자유롭게 발표
- 학습 효과를 높일 수 있도록 그림, 사진, 녹음 자료, 동영상 등 시청각 자료 및 인터넷 이용 자료 적극 활용

㉡ 평가 방향

- 교육 과정의 성격과 목표에 맞게 평가 계획 수립

• 인성 교육, 의사소통 능력 글로벌 의식 배양에 기반을 두고 평가
• 평가의 객관성, 명확성을 사전에 설정하여 공지
• 포토폴리오를 활용하여 학습 과정을 기록에 남겨 자기 평가 자료로 활용

- 학습 내용을 분석하여 평가 계획을 수립
• 의사소통 기본 표현을 중심으로 중국어의 이해와 표현하는 언어 활용 능력 평가
• 성취 기준 도달 여부를 확인하기 위한 형성 평가 수시 실시
• 평가 문항을 만들어 학습자의 성취 기준 도달 여부 확인
• 암기 능력이 아닌 지적 활용 능력 평가할 수 있도록 실생활 관련 내용 소재로 활용
• 학습 활동의 성격에 따라 유창성과 정확성의 비중을 탄력적 적용
• 학습 내용 중심으로 언어의 4기능 평가
• 중국문화 이해를 바탕으로 기초적인 의사소통 관련된 이해를 중점적 평가

- 학습 동기 유발 방법, 활동 유형(개인, 2인, 모둠, 전체), 학생 수업 중심 활동, 수업 내용 확인 활동 등이 포함된 평가 계획 수립

• 교수·학습 중간에 형성 평가 실시로 학습자의 성취 기준을 제대로 익혔는지 점검하고, 학습상의 문제점을 파악하여 도움을 주고, 학습자의 추후 학습 방향을 제시
• 학습자의 의사소통 활동 참여도 평가
• 성취 기준의 특성을 고려한 지필 평가와 수행 평가 등 적절한 평가 방법을 선정

- 과제를 수행하면서 관찰 평가, 자기 평가, 학생 상호 평가 등 다양한 방법 실시
- 문화 관련 정보를 수집하고 종합하는 능력, 협업, 의사소통, 문제해결 능력을 평가
- 문화 관련 정보 통신 및 교수·학습 자료 탐색과 활용 능력은 수행 평가를 통해 평가
- 수행 평가는 수업 활동과 연계하여 실시하고 수행 평가 시행, 계획을 학습자에게 공지하고 채점 기준을 구체적으로 마련하여 공정한 평가

3. 교과교재 및 교구

▌교과 교재

- 교재 : 학교교육의 목적에 맞게 가르쳐야 할 교육내용을 계통적으로 조직한 일정한 분야
- 학교에서 각 교과는 주된 교재로서 교과서를 매개로 학생을 지도
- 학생을 대상으로 하는 교재는 문자뿐만 아니라 그림, 사운드, 동영상 등을 혼합하여 제공하는 것
- 교구 : 교육활동에서 매체를 제시하는 구체물로서 학생들이 학습할 내용과 활동을 연결하여 학습 목표를 달성하기 위한 여러 가지 형태로 제시하는 데 쓰이는 물품
- 교수·학습과정에서 교사와 학습자간에 서로 정보를 전달하는 매개체인 교수매체의 범위로 확대

▌교수 매체

- 교수매체 : 수업효과를 높이기 위해 사용되는 시청각 기자재와 수업자료를 통칭

- 광의의 정의
  - 교수매체란 '모든 종류의 교수·학습과정에 동원되는 학습자료를 포

함하는 일체의 교육 환경'

- 교사의 교수방법과 학습을 위한 환경 조성, 분위기 등을 포함하는 총체의 교육환경을 의미

• 협의의 정의

- 교과서를 포함한 모든 인쇄매체, 실물, 표본, 영화, TV, 게시판, 컴퓨터, 놀이감 등
- 교수·학습과정에 동원될 수 있는 모든 실물매체, 즉 시청각 교육매체를 의미

4. 교육 과정 개발 및 교수 자료 개발

- 교사는 자신이 사용하는 교재의 구성과 특징에 대해 숙지하고 있어야 한다.
- 중국어 교재를 평가하는 기본적인 기준에 대해 이해하고 있어야 한다.
- 관련 중국어 교재의 현황과 그 특성에 대해서 이해하는 한편, 교수 목표와 교수 환경에 의거해 적절한 교재를 선택할 수 있어야 한다.
- 실제 상황의 변화에 맞추어 교재를 활용할 수 있어야 한다.
- 교재가 가능한 한 최대의 작용을 발휘할 수 있게 하기 위해 교재 내용과 관련이 있는 코스웨어 교재를 제작할 수 있어야 한다.
- 학생의 실제 수준과 요구 사항에 맞추어 교재의 사용에 대해 조절할 수 있어야 한다.
- 교사는 보충 교재 및 교수 자료가 중국어 학습에서 발휘하는 역할에 대해 잘 이해하는 한편으로 수업 내용에 맞춰 적절한 자료를 선택하여 사용할 수 있어야 한다.

▌기본 개념 범주

- 보충 교재
- 인터넷 자료
- 오디오 자료 / 비디오 자료

- 신문, 잡지, 사진, 플래쉬카드
- 실물 교재
- 멀티미디어 교실
- 어학 실습실
- 어학 자습 센터

▌기본 능력

- 보충 교재가 교수 과정에 미치는 작용에 대해 이해해야 한다.
- 주어진 교재와 관련 있는 교수 자원과 보충 교재를 선택적으로 이용하여 강의를 진행할 수 있어야 한다.
- 교재와 보충 교재를 적절하고도 유기적으로 섞어서 강의하여 최고의 교수 효과를 거둘 수 있도록 해야한다.
- 보충 교재의 개발과 취사선택에 관해 다른 교사들과 함께 연구하여 교수 자원의 공유 목적을 실현할 수 있어야 한다.

5. 현대적인 교육 기술을 운용한 학습 환경

교사는 컴퓨터 관련 기본 지식을 숙지하는 한편으로 컴퓨터를 능숙하게 다룰 수 있어야 하며 선진적인 교육 장비와 인터넷에 대해서도 잘 이해하여 중국어 교육 현장에 응용할 수 있어야 한다.

- 교사는 컴퓨터를 구성하고 있는 기본 부분과 이와 관련된 IT설비들에 대해 알고 있어야 한다. 또한 중국어 교수에 관련된 컴퓨터 소프트웨어와 멀티미디어 기기들을 다루는 데 익숙하여 이를 중국어 교수 과정에 적절하게 사용할 수 있어야 한다.
- 교사는 인터넷 이용에 관한 핵심적인 내용에 대해 숙지하고 있어야 하고, 인터넷에서 얻을 수 있는 다양한 자원과 서비스를 중국어 교수 과정에 이용할 수 있어야 한다.

▮ 기본 개념 범주

- 컴퓨터 기본 구성 부품
- 컴퓨터 시스템 및 기본 명령어
- 널리 쓰이는 사무용 소프트웨어
- 컴퓨터 관련 전자설비
- 프로그램 인스톨 및 삭제
- 컴퓨터 보조 언어 학습

- 컴퓨터 바이러스 프로그램
- 수업 관리 시스템

기본 능력

- 컴퓨터의 주요 내부 부품과 외부 부품을 정확하게 인지할 수 있고 상관 매개 변수에 따라 그 성능을 짐작할 수 있어야 한다.
- 컴퓨터 명령어를 정확하게 사용할 줄 알며 학생들에게 정확한 컴퓨터 사용법을 가르칠 수 있어야 한다.
- 컴퓨터 에러 메시지의 내용을 이해할 수 있어야 하며 그 에러에 적절하게 대처해 낼 수 있어야 한다.
- 널리 쓰이는 각종 프로그램을 스스로 인스톨하거나 삭제할 수 있어야 한다.
- 널리 쓰이는 사무용 소프트웨어를 익숙하게 다룰 줄 알며 이를 이용하여 교수 자료를 편집하거나 만들 수 있어야 한다.
- 최소한 한 가지 중국어 입력 방법을 익혀야 한다.
- 파워포인트 프로그램을 이용하여 교수 내용을 제작하여 보여줄 수 있어야 한다.
- 교수 목표와 내용, 대상, 환경의 변화에 따라 컴퓨터 보조 언어학습을 맞추어 실시하는 한편, 학생들로 하여금 중국어 시스템 환경하에서 컴퓨터를 통한 언어 학습을 할 수 있도록 지도할 수 있어야 한다.
- 컴퓨터 바이러스 프로그램에 대해 잘 이해하고 그것을 예방하거나 삭제할 수 있는 기본적인 방법을 알아야 한다.

- 해당 지역의 학교 수업 관리 시스템을 능숙하게 다룰 수 있어야 한다.
- 컴퓨터를 통해 인터넷에 접속하여 인터넷 상의 교수 자원을 검색하거나 사용할 수 있어야 한다.
- 각종 문서 또는 중국어 교수 자료를 다운로드하거나 업로드할 수 있어야 한다.
- 개인 홈페이지나 블로그를 개설할 수 있어서 학습자들과의 의사소통 및 교류를 강화할 수 있어야 한다.
- 전자우편, 채팅룸, 화상 대화 등의 방식을 통해 때 맞추어 학생들에게 소식을 전달하고 학생들로부터 피드백을 받을 수 있어야 한다.
- 자주 나타나는 인터넷 보안 문제에 대해 숙지하고 이에 대처할 수 있는 조처를 취할 수 있어야 한다.

6. 중국어 교수법 개요

중국어의 교학(教学)은 교수·학습을 축약한 합성어이다. 교학의 어원은 《예기》 <학기>편에 "옥석의 바탕이 비록 훌륭할지라도 다듬지 않으면 그릇이 될 수 없을 것이고 사람이 비록 만물의 영장일지라도 학습하지 않으면 인류, 대자연의 이치를 알 수 없을 것이다. 이 까닭에 고대의 왕들은 나라를 세우고 백성을 다스리는데 교수·학습을 최우선 임무로 삼았다.… 학습하고 자신의 부족함을 알고 다른 사람을 가르치며 자신이 지식에 정통하지 못한 것을 안다. 부족한 것을 알고 나서 스스로 반성하고 곤혹스러움을 알고 나서 스스로 노력하여 향상시킬 수 있다. 그러므로 교수·학습은 서로 영향을 미치고 촉진하며 발전한다"고 하였다.

교수·학습은 교사와 학생의 학습 활동을 효과적으로 진행하기 위한 조직적이고 구체적인 교육 활동이다. 간단히 정의하면 교수·학습은 학습자에게 학습동기 유발, 능동적으로 능력을 발휘하도록 설계된 개별, 모둠, 전체를 대상으로 삼는 집단 활동, 즉 학습과정에 어려움을 극복할 수 있도록 격려 및 지도 활동을 포함한 모든 활동을 포함한다.

교사는 자기 성찰적인 태도를 가지고 자신의 교수 내용 및 방법을 점검해야 하며 교실 수업을 잘 이끌어 갈 수 있도록 준비해야 한다. 다음은 교사가 교수·학습에 반드시 갖추어야 할 기본 능력과 원칙이다.

1) 교사는 언어 교육으로서의 외국어 교수법에 관한 지식과 기법을 갖추어 그 내용을 교수 과정에 운용할 수 있어야 한다.

▌기본 개념 범주

- 접근법(教学途徑), 교수법(教学方法), 교육기교(教学技巧)
- 전통적인 접근법과 교수법
- 인문주의적 접근법과 교수법
- 의사 소통 중심 접근법과 교수법
- 혁신형 접근법과 교수법

▌기본 능력

- 위의 기본 개념 범주에 들어 있는 접근법과 교수법의 이론적 배경에 대해 이해하는 한편으로 교수 목표와 목적, 교사와 학생의 역할, 상호 작용적 강의의 본질, 학생 정서에 대한 영향, 언어와 문화의 상호 관계, 제1언어의 작용, 교재의 역할 및 교사가 갖추어야 할 기본적인 소양에 관해서도 숙지해야 한다.
- 언어 교육의 3대 방법론, 즉 형태 중심 교수법, 의미 중심 교수법, 형태와 의미 중심교수법에 대해 숙지하고 있어야 한다.
- 서로 다른 교수 환경에서의 각종 접근법과 교수법을 식별할 수 있어야 한다.
- 교수 목표와 교수 대상에 맞추어 접근법과 교수법을 선택, 운용할 수 있어야 한다.
- 지정된 환경에서 운용했던 접근법과 교수법의 합당성을 설명할 수 있어야 한다.

2) 교사는 외국어 교육으로서의 중국어 교육에 관한 일반적인 원칙과 기본적인 개념을 파악하여 그 내용을 교수 과정에 운용할 수 있어야 한다

▌기본 개념 범주

- 말하기 교육과 문어체 교육
- 이해 기능과 표현적 기능
- 언어 능력과 언어 운용
- 언어 지식과 언어 기능
- 의사 소통 능력
- 제2언어 교육으로서의 중국어 교육과 외국어 교육으로서의 중국어 교육

▌기본 원칙

- 학습자에게 가능한 한 최대의 중국어 학습 기회를 제공한다.
- 학습자가 의미 있는 토론식, 의사 소통식 중국어 학습을 전개하도록 이끈다.
- 학습자가 습관적으로 범하는 실수를 줄일 수 있도록 가능한 한 최대로 돕는다.
- 학습자가 중국어 학습에 흥미를 붙이고 직관력을 발휘할 수 있도록 돕는다.
- 학습자가 중국어로 생각할 수 있는 능력을 배양시킨다.
- 학습자가 중국어를 언어적으로 인식할 수 있는 능력을 배양시킨다.

- 전형적인 중국어 환경을 만들어 낸다.
- 학습자가 중국어를 통합적으로 구사할 수 있는 능력을 배양시킨다.
- 학습자가 스스로 중국어를 학습할 수 있도록 능력을 배양시킨다.
- 학습자가 중국어를 사회적으로 적절하게 사용할 수 있도록 능력을 배양시킨다.

▌기본 능력

- 중국어 교육에 관한 일반적인 원칙과 기본 개념에 관해 숙지해야 한다.
- 언어 교육에 관한 일반적인 원칙과 기본적인 개념에 대해 실례를 들어 설명할 수 있어야 한다.
- 교수 원칙을 실제 강의에 운용해 낼 수 있어야 한다.
- 발음, 한자, 어휘, 문법 등의 중국어 관련 지식과 듣기, 말하기, 읽기, 쓰기 등의 기능을 종합적으로 강의에 운용할 수 있어야 한다.
- 언어 교육에 관한 일반적인 원칙과 기본적인 개념을 동원하여 강의의 실례에 대해 분석하고 해설할 수 있어야 한다.

7. 중국어 교사의 소양과 자질

언어 교사로서의 중국어 교사가 가져야 할 교육자적 자질은 일반 교사가 갖추어야 할 역할을 감당할 수 있어야 하는 자질이다. 21세기 교사의 역할을 다음과 같이 정리하고 있는데 우수 교사란 이런 일반적 역할을 감당할 수 있어야 하거니와 이 모두에 만능일 수는 없지만 각자 자기 전문 분야를 특화할 수 있다면 우수 교사라 할 수 있을 것이다.

- 인간으로서의 교사 : 보호하는 역할
- 동료로서의 교사 : 원조하는 역할
- 동역자로서 학부모와 교사 : 상호 보완적인 역할
- 학습자의 이해자로서의 교사 : 양육하는 역할
- 학습의 촉진자로서의 교사 : 상호작용의 역할
- 연구자로서의 교사 : 실험하는 역할
- 프로그램 개발자로서의 교사 : 창조하는 역할
- 관리자로서의 교사 : 계획하는 역할
- 교직으로의 이행 : 열망하는 역할
- 의사 결정자로서의 교사 : 문제해결의 역할
- 전문적인 지도자로서의 교사 : 도전하는 역할

교사는 자기 성찰적 태도를 가지고 자신의 교수 내용 및 방법을 점검해야 하며 교실 수업을 더 잘 이끌기 위한 방법을 항상 연구할 수 있어야 한다. 또 자신의 교수 내용과 효과를 적극적으로 분석하고 성찰하여 그 결과를 교수 과정에 반영해야 한다. 자아 개발 의식을 갖추고 단기 목표와 장기 목표를 설정하여 실행해 나갈 수 있도록 중국어 교육에 관련된 전문적 내용을 통해 학습 지도안을 꾸밀 수 있어야 한다. 교육 활동에서 책임감을 가지고 건전한 심리적 소양을 갖추어야하는 것은 물론이고 교수 과정에 일어날 수 있는 위기에 잘 대처할 수 있어야 한다. 자신의 강의가 어떤 상황에서 이루어지는지에 관계없이 직업에 대한 도덕적 소양을 발휘해야 한다.

1) 교사는 자기 성찰적 태도를 가지고 자신의 교수 내용 및 방법을 점검해야 하며 교실 수업을 더 잘 이끌기 위한 방법을 항상 연구할 수 있어야 한다. 또 자신의 교수 내용과 효과를 적극적으로 분석하고 성찰하여 그 결과를 교수 과정에 반영해야 한다.

▌기본 개념 범주

- 성찰적 교수범
- 자기 평가
- 연구 방법
- 수업 연구
- 분석 능력
- 연구형 교사

▌기본 능력

- 연구의 목적과 교육 방법의 주요한 연구 방법에 대해서 숙지해야 한다.

• 교실 수업 연구의 주요 개념과 연구 과제 및 연구 목적을 이해하고 강의에 미치는 영향을 인지할 수 있어야 한다.
• 교수 과정에 나타난 문제점을 분석하고 교수 연구에 응용할 수 있어야 한다.

2) 자아 개발 의식을 갖추고 단기 목표와 장기 목표를 설정하여 실행해 나갈 수 있도록 중국어 교육에 관련된 전문적 내용을 통해 학습 지도안을 꾸밀 수 있어야 한다.

▌기본 개념 범주

• 자기 개발
• 전공 관련 단체
• 전공 서적
• 전공 교육 학술 협회

▌기본 능력

• 교육 개발의 중요성을 인식하고 학회, 학술포럼 등에 참여하여 적극 교류하고 자기 개발 기회를 발굴해 나간다.
• 자신의 교수 활동에 관련된 강점과 약점을 잘 파악하여 교수 내용을 개선할 수 있는 목표를 수립할 수 있어야 한다
• 중국어 교육 관련 협회에 가입하여 적극적으로 참여하여 전공자들과 교류할 수 있어야 한다.

3) 교사는 교제 활동에서 친화력, 책임감, 협동 정신을 발휘할 수 있어야 한다.

▮ 기본 개념 범주

- 학교 문화 및 조직
- 학부모와 편부모 가정
- 학교 주요 행사
- 교사-학부모 회의

▮ 기본 능력

- 학습 프로그램의 목표, 조직 형태, 학교 규칙 및 주요 행사를 숙지하고 빠르게 적응할 수 있어야 한다.
- 동료 교사와 협동하는 태도를 지녀야 하고 문제가 발생할 경우 원활한 커뮤니케이션을 통해 소통하여 해결할 수 있어야 한다.
- 학부모와 의견 교환을 통해 학생들을 이해해야 한다.

4) 교육 활동에서 책임감을 가지고 건전한 심리적 소양을 갖추어야하는 것은 물론이고 교수 과정에 일어날 수 있는 위기에 잘 대처할 수 있어야 한다.

▮ 기본 개념 범주

- 교사의 교육 이념, 태도

- 인내력 및 의지
- 심리적 갈등
- 심리 상담 및 직업 윤리

▌기본 능력

- 자신의 심리적 스트레스를 이겨내는 능력을 강화하여 문제 발생시 대처할 수 있도록 노력해야 한다.
- 교육 환경, 학생 등으로부터 받을 수 있는 어려움과 도전에 잘 대응할 수 있도록 노력해야 한다.
- 학생들의 요구 사항과 교수 현장의 실제 상황에 맞추어 자신의 교수 목표 및 교수법을 조절할 수 있어야 한다.
- 학생들의 요구 사항을 존중하여 학생들이 어려움을 겪지 않는지 관심을 가지고 지켜보며 올바르게 학습할 수 있도록 지도해야 한다.
- 교사로서 수준 높은 도덕성을 가지기 위해 노력하며 끊임없이 자신을 수양해 나가야 한다.

제2장

중국어 읽기 교육

▌ 교사는 중국어 읽기 교육에 관한 기본 원칙을 숙지하고 있어야 함은 물론, 중국어 읽기를 가르칠 때에, 학습자에게 중국어 읽기에 관한 지식을 전달해 줄 수 있는 능력과 기법을 갖추고 있어야 한다.

• 기본 원칙

① 읽기 교육 과정에서 정독 방식과 다독 방식을 모두 활용한다.
② 읽기를 통해 핵심 내용을 파악하는 능력을 중점적으로 훈련시킨다.
③ 학습자가 상향식 읽기와 하향식 읽기 등의 여러 가지 읽기 전략을 구사할 수 있도록 훈련시킨다.
④ 학습자가 읽기 과정에서 상위 인지 능력을 사용할 수 있도록 훈련시킨다.
⑤ 학습자의 일상생활에서 실제로 접할 수 있는 자료에 근접하는 읽기 과제를 제시한다.
⑥ 학습자마다 다를 수 있는 읽기 목적에 맞추어 적당한 읽기 방법을 선택한다.

• 기본 능력

① 읽기 지도에서의 핵심 문제를 다룰 수 있어야 한다.
② 정독과 다독의 특징에 대해 숙지하고 교수 과정에서 그 두 가지 접근법을 고루 응용할 수 있어야 한다.
③ 읽기에서 실제 자료가 가지는 중요성에 대해 이해하고 그런 자료 중에서 마땅한 것을 선택하여 교수 과정에 응용할 수 있어야 한다.
④ 일반적인 읽기 교수법에 대해 숙지해야 한다.
⑤ 읽기 교육의 3단계에 대해 이해하고 읽기 전 단계, 읽는 단계, 읽고 난 뒤의 단계에 맞추어 과제와 활동을 제시할 수 있어야 한다.
⑥ 각종 읽기 전략을 교수 과정에 운용할 수 있어야 한다.
⑦ 묵독의 중요성에 대해 이해하고 교수 과정에 묵독을 첨가해 지도할 수 있어야 한다.

1. 읽기 교육의 중요성

언어기능은 이해(comprehension)와 산출(production)이라는 두 과정으로 생각할 수 있다. 이해에는 쓰여 있는 것을 읽는 독해와 말하는 것을 듣는 청해가 있고, 산출에는 구어를 말하는 것과 문어를 쓰는 것이 있다. 읽기의 특성은 독자가 다양한 언어학적 지식을 통해 자신의 스키마와 배경 지식으로 그 의미를 해석하는 것이라고 할 수 있다. 즉 자모를 시각적으로 이해하고, 어휘와 구조를 이해하고, 문맥을 이해할 수 있는 것이다. 읽기 과정은 무엇을 어떻게 읽고, 교실에서는 어떻게 읽기 활동을 해야하는가, 읽기 활동을 다른 언어 기능과 어떤 관계를 가지고 구성해야 하는가, 읽기 수업에서 어휘 교육은 어떻게 이루어져야 하는가를 생각해야 한다. 예를 들면 여러 사람 앞에서 발음이나 성조, 리듬에도 집중해서 소리 내어 읽는 경우(음독)와 혼자 의미 해석에 집중하여 읽을 경우(묵독)에 내용을 이해하는 데 차이가 있는가, 읽기 활동의 성과가 나타나지 않을 경우 어디에 문제가 있을까, 교사는 어떤 역할을 해야 하는가를 검토해야 한다. 읽기 활동의 성과가 좀처럼 오르지 않을 경우 어디에 문제가 있을까를 생각해 보아야 한다. 중국어를 읽고 이해하기 위해서는 문자, 어휘, 구문, 문장에 관한 지식이 필요하다. 그러나 이것은 어느 정도 언어능력이 습득될 때까지 읽기 활동을 도입해서는 안 된다는 것을 의미하지는 않는다. 읽기 목적 및 전략과 관련되기 때문이다. 목적과 전략으로 무엇을 읽는가, 어떻게 읽는가라는 점을 고려하여 문자, 어휘, 구문, 문장에 관한 지식의 습득을 보다 낮게 책정할 수 있다. 가령 학습자가 각종 광고 전단지나 통신판매 상품안내서를 보고 원하는 상품을 찾는 과제는 일상적으로 가능한 일이다. 그리고 목표로 하는 상품을 파악하는 스캐닝 전략을 이용한다면 어려운 언어지식의 여부는 문제가 되지 않는다. 즉 그다지 어려운 언어능력이 필요하지 않고 중국어 능력이 낮아도 무방한 읽기 과제를 설정하는 것이 가능하다. 그리고 쓰여 있는 것을 이용해 일상적 상황에서 여러 가지 일을 할 수 있다는 것이 읽기의 목표이다. 따라서 많은 양을 읽어 기초를 다지는 것이 중요하다. 또한 교사는 문화에 노출되지 않은 학습자에게 문화적인 내용을 포함하는 자료들로 교육하는 경우 사전 활동을 통해 내용에 대한 스키마(배경 지식) 형성은 필수적이다. 스키마를 활용하는 것은 정보를 수동적으로 수용하는 것이 아니라 배경 지식에 기초하여 의미를 재구성하는 적극적인 이해 활동이다. 교사는 '읽기 전 단계'에서 학습자의 스키마를 활용하고, 학습자들이 지식을 공유할 수 있도록 하여 읽을 준비를 시켜야 한다.

2. 읽기 수업의 모형

읽기는 문어(文语)를 대상으로 하는 이해 영역으로서 학습 효과가 가장 오래 지속되는 언어 기능이다. 글을 읽는 다는 것은 학습자가 글의 정보를 능동적으로 선별하여 수행하는 이해 과정을 거쳐 이루어진다. 텍스트를 어떻게 처리하는 가는 이해 과정의 중요한 부분이다. 단순한 문자를 조합하여 의미를 읽는 것이 아니라, 학습자가 자신의 배경 지식을 활용하여 담화 의미를 파악해 가는 과정이다. 즉 학습자가 텍스트의 정보를 능동적으로 선별·수용하여 이해하는 중요한 과정이다. 어휘, 통사, 수사 구조 등 언어 자료의 변인과 인지 발달, 텍스트의 배경 지식 등 학습자의 변인을 서로 다르게 강조하여 이해 과정을 설정한다.

(1) 상향식 처리 과정

전통적으로 읽기는 상향식 처리과정(bottom-up process)의 활동이다. 읽기를 텍스트에 제시된 문자를 해독하는 것으로 본다면 이는 문자로 표현된 의미를 찾는 것이다. 이 상향적(Bottom-up) 과정에 의하면 읽기는 쓰여 있는 문자를 일일이 따라가며 작은 단위인 문자, 형태소, 단어들로 시작해서 큰 단위인 구, 절, 문장, 단락으로 읽어가는 순서로 텍스트 의미를 파악하여 주제나 상황에 대한 지식을 이해하는 것이다. 다시 말해 상향적 처리 과정은 학습자가 음절로부터 단어가 형성되고 단어가 모여 구가 형성되는 등 소리나 문자로부터 단어, 문장, 단락, 전체 담화를 직선적(linear)으로 이해하게 되는 과정이다. 이 과정은 텍스트 중심의 이해이며, 학습자는 주어진 언어 정보를 조합하여 이해하는 수동적인 역할을 하게 된다. 왜냐하면 의미는 쓰여 있는 문자의 나열 안에 존재하는 것이고 읽는 이가 의미 해석에 관여할 수 없기 때문이다. 따라서 읽기 교육은 어휘와 문장에 초점을 맞추는 경우가 많고, 어휘와 문법의 습득을 확인하기 위해 쓰기가 같이 병행되기도 한다. 다시 말해 학습자가 알지 못하는 어휘에 주목해 그 의미를 가르치는 것에서부터 읽기의 과정이 시작된다. 우선 어휘 목록을 미리 주고 예습을 하게 하거나 혹은 교사가 구두로 설명한다. 다음은 구 차원에 초점이 맞춰진다. 교사는 구 차원에서 해석 방식에 주의를 집중시키고, 문장에서는 수식 관계나 지시대명사가 가리키는 것이 중심이 되어 단락 차원에 이르러 의미해석이 완성된다. 그리고 여기까지의 과정을 이해했는지 점검하기 위하여 단어나 구의 의미, 문장이나 단락 전체의 관계에 대해 각종 질문을 한다. 만일 어딘가에 문제가 있어 충분히 답을 얻어내지 못하는 경우, 어휘의 의미를 모르거나, 문형을 인식하지 못하거나, 지시관계를 파악하지 못하는 것이 실패의 원인이므로 학습이 독립된 형태의 과제로 부여된다.

수업 구성의 예로는 '글 제시 → 낭독(모방, 반복) → 분석, 설명 → 이해' 과정을 들 수 있다. 글을 낭독하는 과정에서 발음, 성조 등을 학습하게 되며, 글을 분석하고 설명하는 과정을 통해 완전한 이해가 이루어진다. 상향적인 처리 과정을 이용한 읽기 수업은 초급 단계에서 주로 활용하며, 말하기, 듣기 등 다른 언어 기능과 연계하거나, 그 기능을 위한 부수적인 수단으로 이루어질 때가 많다.

(2) 하향식 처리 과정

글을 이해하는 과정이 텍스트에서 출발하는 것이 아니라 상위적인 정신 단계에서 시작하여 텍스트 자체로 이동하는 것이다. 즉 학습자의 사전 지식이나 배경으로부터 구체적인 언어 정보를 이해해 가는 과정으로 심리언어학적인 이해 과정과 일치한다. 이 이론은 Goodman(1970)이 '읽기를 심리 언어학적 추측 게임(Reading: A Psycho-linguistic Guessing Game)'이라고 정의하며, 읽기가 말하기의 보조 수단이라는 개념에서 탈피하여 독자적인 이해 영역이라는 자각을 낳았다. 읽는 이가 능동적인 관여 특히 예측과 검증에 의해 비로소 가능한 것이다. 바꾸어 말하면 읽는 이가 지닌 다양한 지식에 의거해 글의 구조에서 의미를 끌어내기 위해 문법적 구조의 예측에서 시작되어, 추출한 그 예측을 텍스트에 비추어 확인하는 것이다. 이러한 견해는 글을 읽는 것이 텍스트를 중심으로 의미를 조합하는 것이 아니라 학습자가 텍스트의 언어 정보(예를 들면 제목, 표제어, 색인, 핵심어, 사진, 그림 등)를 힌트로 하여 자신의 경험과 지식에 연결시키면서 예측을 확인해 가는 과정이라는 것이다. 학습자는 모든 텍스트 실마리를 사용할 필요가 없고 더 잘 읽는 학습자일수록 정확한 예측을 할 수 있어 텍스트에 의한 확인은 덜 필요하다. 학습자는 언어의 문자, 의미, 통사 관계를 이용해 의미를 재구성하는 것이 아니라, 자신의 과거 경험인 배경 지식, 사회 문화적인 지식을 바탕으로 추측하거나 부인하면서 텍스트의 의미를 재구성한다고 보기 때문에, 글을 읽을 때 글 내용에 대한 독자의 배경지식이 많을수록 글에 대한 이해가 쉽다고 보았다. 때문에 하향식 처리 과정(Top-down process)은 읽는 이의 머리 속에 있는 예측, 추측이라고 하는 추상적인 것에서 텍스트의 문자로 내려간다는 점에 주목하여 전체 내용을 이해하므로 모르는 단어나 표현도 상황에 의존하여 추측하게 된다.

(3) 상호작용 처리 과정

상호작용 처리과정에는 여러 가지가 있다. 공통적인 것은 텍스트에 쓰여 있는 문장과 읽는 이의 인지적 활동이 동시에 상호작용함으로써 읽기 과정이 구성된다는 점이다. 읽기는 상향식(쓰여 있는 문장에서 인지 활동으로) 혹은 하향식(인지 활동에서 쓰여 있는 문장으로)과 같은 일방적인 과정으로 보지 않고, 양자가 상호작용에 의한 과정으로 보는 점이 특징적이다. 이러한 두 과정 중 하나만이 읽기 과정에서 나타나는 것이 아니라는 것이다. 이 두 과정은 읽기 교육이 이루어지는 전체 과정 중 어느 한 부분에 초점을 두고 그것만을 강조한 것이다. 읽기 과정은 끊임없이 두 과정이 반복적으로 정보를 처리함으로써 읽기 과제가 수행된다고 볼 수 있다. 이와 같이 상향식 과정과 하향식 과정이 동시에 또는 반복적으로 나타나는 것을 상호작용적 처리과정(Interactive process)이라고 한다. 읽기에 대비해 말하기를 상호작용하는(interactive) 기능이라고 흔히 말하지만, 읽기 또한 학생들이 텍스트와 자신들의 경험과 더 나아가서는 글을 쓴 저자와 상호작용하는 기능이라고 할 수 있다. 이는 텍스트의 문자와 학습자의 배경지식, 사회 문화적인 지식이 순환적으로 나타남으로써 읽기에 영향을 준다는 것이다. 다시 말해 이해의 과정을 일직선적인 선형 구조로 보는 것이 아니라 순환적인 것으로 본다는 차이가 있다. 학습자의 배경 지식을 바탕으로 하여 내용을 추측하고, 글에서 구체적인 언어 정보(어휘, 표현 등)를 포착하여 이를 근거로 사전 이해를 확인하거나 수정하며, 다시 글로 이동하여 정보를 파악하는 과정을 반복하게 된다. 이 과정은 읽기가 어휘나 문법구조에 시간을 들이지 않고 자동적으로 인식·이해할 수 있다고 한 상향식의 기능과 이를 둘러싼 스키마를 재빨리 발동시켜 예측을 하는 하향식 기능이 상호 보완적으로 행하는 과정으로 본다. 따라서 외국어로서의 중국어 교수에서도 언어학적인 형태에 초점을 두는 것에서 화자가 전달하려고 하는 의미를 학습자가 재구성해서 이해력을 기르는 것으로 이전해야 할 것이다. 상호작용적 읽기 과정에 대한 연구는 학습자를 단순한 수용자가 아닌 능동적 참여자로서 인식하고 배경지식의 중요성을 부각시키는 계기를 마련하였다.

상호작용적 처리과정은 글과 학습자 모두 중요하고 하향적 처리과정의 보완이기 때문에 학습자의 배경 지식에서 출발하여 글로 이동하는 구조라고 할 수 있다. 수업에서 상호적인 모형을 통해 수업을 구성한다면 '배경 지식 공유 및 활용 → 글 제시 → 정독(내용 이해 및 정보 파악) → 이해 확인 및 설명' 과정이 될 것이다.

(4) 스키마의 활용

최근 읽기 교육은 이해 영역으로서의 특징을 최대한 반영하여 학습자의 스키마를 형성하도록 교실 내에서 상호작용을 다양하게 포함하고 있다. 스키마 이론은 배경지식이 어떻게 기억속에 통합되며, 이해 과정에서 활용되는지 묘사하는 데 이용되고 있다. 스키마 이론은 인간의 인지 과정에 관심을 두면서 인지심리학에 기초한 것으로 인간이 인지하는 과정에서 세상에 대해 가지고 있는 개념의 틀, 다시 말해 도식화되고 구조화된 배경지식을 통해 이해한다는 것이다. 즉 의미를 통합하고 조직화하는 인지적 개념 또는 틀을 말하는 스키마(Schema)가 언어학에도 도입되었다. 하향식의 열쇠라고 할 수 있는 예측은 읽는 이가 지닌 스키마에 의해 행해진다. 읽기와 관련된 스키마에는 텍스트의 구조 혹은 수사 구조에 대한 형식 스키마와 텍스트의 주제나 내용에 대한 내용 스키마가 있다. 형식 스키마는 글의 구조, 즉 글이 어떻게 조직되는가에 대한 지식을 말하며, 내용 스키마는 주제에 익숙하고 경험을 가진 학습자가 기존에 갖고 있는 배경지식이나 교사가 읽기 전 단계에서 미리 제공한 정보를 말한다. 읽기의 대상인 텍스트가 한 문장으로 되어 있는 것도 있으나 이는 예외적인 것으로 대부분 많은 문장이 이어져 하나의 텍스트를 이룬다. 스키마는 문장의 나열에 구조를 부여해 이해에 도달하기 위한 길잡이의 기능을 한다. 장문에서는 행간을 읽지 않으면 의미를 알지 못한다고 하는데, 이와 같은 행간은 스키마를 이용하여 이해할 수 있게 되는 것이다. 학습자가 자신이 속한 문화권에 관한 텍스트를 읽을 때는 더 정확히 텍스트 내용을 추론할 수 있다는 연구 결과를 보면 언어 교육에서 문화적인 내용에 대한 교수가 반드시 필요하다는 사실을 알 수 있다. 그러므로 교사는 학습자에게 목표어의 문화를 이해할 수 있도록 배려해야 하며, 텍스트를 읽을 때 학습자가 가지고 있는 사전 지식을 최대한 활성화시킬 수 있도록 도와주어야 한다.

중국어 읽기 자료는 일정한 주제를 가지며, 문화적인 정보나 사회적 배경을 지닌다. 자료의 주제가 특수할수록 스키마의 활용 능력은 읽기 능력의 중요한 요소가 된다. 또한 문화에 노출되지 않은 학습자들에게 문화적인 내용을 포함한 자료로 교육하는 경우에도 교사의 사전 활동을 통해 내용에 대한 스키마 형성이 필수적이다. 스키마를 활용하는 것은 정보를 수동적으로 수용하는 것이 아니라 배경 지식에 기초하여 의미를 재구성하는 적극적인 이해 활동이다. 교사는 읽기 전 단계에서 학습자의 스키마를 활용하고, 학습자 간의 지식을 공유할 수 있도록 학습하는 것이 필요하다고 인식하게 되었다. 구체적으로는 스키마의 활성화와 적용을 중심으로 어떻게 읽으면 보다 쉽게 의미해석을 할 수 있는가라는 관점에서 읽기 전략의 중요성이 지적되었다.

3. 읽기 자료와 전략

(1) 읽기 자료 개발

읽기 교육의 목표는 본질적으로 글의 해독과 이해이다. 해독 단계는 텍스트에 대한 언어적 접근으로 이루어지고, 이해 단계는 의미 파악을 위한 읽기 행동을 포함한 문자적, 해석적, 평가적으로 이해하는 방법을 학습하는 것이 본질이다. 과거에는 제2언어 교육 분야에서 읽기를 단순히 텍스트를 해독하여 내용을 이해하는 과정으로 보았지만, 근래에는 학습자 중심의 능동적인 정보 처리 과정으로 이해하고 있다. 읽기를 수동적인 과정으로 이해하는 것이 아닌 학습자가 의미를 재구성하는 능동적인 과정으로 이해하는 것이다. 즉 숙달된 읽기 능력이란 텍스트 내용을 단순히 해독하는 능력뿐 아니라 텍스트에 담긴 정보를 분석하고 추론하고 비판할 수 있는 종합적인 능력을 요구하는 것을 의미한다.

읽기 교육에서 학습자의 교육 수준에 따라 글의 내용을 이해하도록 하는 것이 중요하다. 모국어 환경에서 읽기 전략을 어느 정도 습득하였기 때문에 중국어 읽기 상황에서도 글의 특성과 유형에 따라 쉽게 전략을 사용할 수 있지만, 언어적인 능력의 제약으로 인하여 글을 읽을 때 적절한 전략을 사용하지 못하고 어려움을 겪는 경우가 많다. 그러므로 수업시간에 다양한 중국어 읽기 자료를 사용하여 유형별 텍스트의 구조와 자주 사용되는 특징적인 어휘를 익히게 하고, 유사한 텍스트를 접했을 때도 전략적으로 읽을 수 있는 능력을 발휘하도록 읽기 활동을 할 필요가 있다.

효과적인 읽기 수업 구성을 위해 어떤 텍스트를 이용할 것이며, 어떻게 자료를 구성할 것인가? 읽기 자료 개발을 위해서는 다음 몇 가지를 고려해야 한다.

첫째, 글의 종류를 다양하게 하며 다양한 담화 유형에 노출되도록 한다. 특히 초급 단계에서는 설명문에 한정하여 읽게 하는 경우가 종종 있으나, 다양한 읽기 자료를 적절하게 배열하는 것이 실제 생활에서의 적응력을 높이는 방법이다.

둘째, 읽기 자료는 교실 내의 수업이 실생활에 전이될 수 있도록 실제적인 자료로 구성해야 한다. 자료 읽기를 교육에서 사용하려면 숙련도에 따라 어휘와 표현을 수정하는 것이 필수적이다. 그러나 담화의 유형은 그대로 유지되어야 학습자가 유사한 글을 접했을 때 동일한 전략을 사용하여 읽을 수 있다.

셋째, 단원의 주제와 읽기 기능을 효과적으로 배합해야 한다.

넷째, 읽기 자료는 글의 형식, 어휘 등 자료가 갖는 특성을 최대한 반영해야 하며 자연스러운 담화가 이루어져야 한다.

- 초급 읽기 자료

  짧은 문장, 간단한 대화, 5~7 문장 이내로 구성된 생활문이나 실용문, 표지어, 광고, 실용문, 영수증, 메모, 편지, 일기, 안내문, 광고문 등

- 중급 읽기 자료

  비교적 복잡한 대화나 간단한 문단의 글, 간단한 설명문이나 수필, 간단한 신문기사, 초대장, 캠페인, 인터뷰, 토론, 뉴스, 안내 방송 등

• **고급 읽기 자료**

문단의 연쇄로 이루어진 글, 복잡한 대화, 공적인 상황에서의 대화, 서술문, 기사문, 토론, 문학작품, 서평, 강연, 각종 식사, 학술문, 사설, 평론 등

(2) 읽기 전략 개발

글의 내용을 이해하기 위해 어떻게 읽을 것인가 하는 것이 이해 전략이다. 읽기 전략으로는 대강 읽기(Skimming), 훑어 읽기(Scanning), 비판적 읽기(Critical Reading), 자세히 읽기(Through Comprehension), 추론(inferencing)·예측(prediction), 스키마의 활성화 등 방법이 다양하다. 이해 전략은 학습의 인지 전략과 메타인지 전략으로 나뉜다. 인지 전략은 직접적으로 읽기와 관련된 전략을 말한다. 반면에 메타인지 전략은 인지의 존재를 인지한다는 의미로 사용되어 인지 전략을 조종하는 전략을 말한다. 학습자는 글의 유형과 특성에 따라 어떤 전략을 사용해야 하는지를 이미 모국어 환경에서 습득하였다. 예를 들면 서점에서 책을 보거나 신문에서 TV프로그램에 대한 안내를 볼 때는 훑어 보기를 통해 필요한 정보를 찾을 것이며, 대부분의 신문기사들은 머릿기사 중심의 대강 읽기 방식으로 전체 내용을 파악하려고 할 것이다. 또한 책에서 자신이 원하는 정보가 들어있는지 확인하고 싶을 때 일단 목차를 읽는다. 가령 스키마에 대한 조사를 하려고 스키마라는 단어를 목차에서 찾는 다면, 전체적인 내용을 파악하는 식으로 읽는 스키밍이 아니라, 다른 것은 건너뛰면서 스키마라는 단어만을 찾아가는 스캐닝의 읽기를 하는 것이다. 메타인지 전략은 어떻게 읽는 것이 자신의 목적에 적합한지를 판단하고 동시에

개개인의 인지 전략이 특정 장면에서 효과적인가 아닌가를 모니터하면서 그 결과를 평가하는 전략을 말한다. 다시 말해 어떤 텍스트를 어떤 목적으로 읽고자 하는가에 따라 스캐닝 전략을 사용할지 스키밍 전략을 사용할지를 판단할 수 있는지의 여부이다. 교사에게 스캐닝을 하라는 지시를 받아 행하는 것과 지시가 없더라도 적절한지를 스스로 판단해서 행하는 것과는 다르기 때문이다. 따라서 인지 전략으로 도움이 되지 않으며 메타인지 전략과 조합하는 것이 필요하다.

중국어 교육 현장에서는 이러한 학습자들의 다양한 전략을 교사의 과제 지시를 통해 효과적으로 유도할 수 있다. 글을 읽은 후에 학습자들은 설명하기, 행동하기, 문제 풀이를 통해 답하기, 토론하기, 요약하기, 정리하여 쓰기 등 다양한 활동을 하게 된다. 이러한 과제 활동들은 글을 읽는 방향을 제시하는 역할을 한다. 즉 학습자들이 무엇을 해야 하는가는 글을 읽는 방법과 전략을 제시하는 것이다. 예를 들면 비교, 대조의 글을 읽었을 때는 유사점과 차이점을 찾아 요약하거나 토론하기 등의 과제를 제시하여야 학습자는 글에 맞는 전략으로 중심적인 부분에 초점을 두고 글을 읽는 것이다. 그러므로 교사는 텍스트에 맞는 전략을 선택하여 과제로 고안하는 것이 중요하다.

4. 읽기 수업 구성

1) 수업 구성의 단계

효율적인 읽기 수업을 위해 읽기 수업은 학습자들의 인지 과정과 학습 전략을 고려하여 3단계로 나누어 진행할 수 있다. 3단계는 읽기 전 단계(Pre-reading), 읽기 단계(While-reading), 그리고 읽은 후 단계(Post-reading)이다.

(1) 읽기 전 단계(Pre-reading)

이 단계는 본격적인 읽기 활동을 하기 전에 오늘 읽을 자료와 관련된 학습자의 배경지식과 글의 정보를 연결하여 사고를 활성화시키는 과정을 하는 단계이다. 읽기 전에 주제를 소개하고 주제에 대한 흥미를 유발시키며, 읽는 목적을 갖도록 유도한다. 관련 질문이나 그림, 표, 지도 등과 같은 시각적인 자료를 활용해, 주제에 대한 실마리를 던지거나 관련 질문을 해서 예측하거나 특정 부분에 주의를 기울이게 하여 학습자가 읽을 자료에 대해 예상할 수 있도록 도와준다. 또한 글을 이해하는데 필수적인 어휘나 표현을 상기시키거나 제시하여 읽을 준비를 시킨다. 특정 글이나 문학작품은 글의 장르와 유형, 작가에 대한 정보를 주어 이해를 돕는다.

교사와 학습자의 문답방식으로 말하기 기능이 주로 사용되며, 숙련도가 높아갈수록 읽기, 듣기 등이 다양하게 사용된다.

- 주제, 글의 종류, 작가 소개
- 어휘, 표현 학습
- 글을 읽는 데 필요한 언어 지식 제공
- 글의 이해를 돕는 문화 정보 제시

<교수자의 준비>

① 학습자가 글의 주제에 대해 이미 갖고 있는 지식, 생각 또는 의견은 무엇이 있으며, 이러한 것을 어떻게 끌어낼 것인가?
② 글을 읽는 이유는 무엇이며 학습자들 사이에 공통적인 이유를 끌어 낼 수 있는가?

(2) 읽기 단계(While-reading)

읽기 전 단계에서 얻은 스키마를 바탕으로 텍스트 내용과 구조를 이해하고 확인하는 단계이다. 개인 활동, 짝 활동, 소그룹 활동으로 문제를 해결하도록 한다. 과제는 글을 읽는 목적을 묵시적으로 제시하므로 자료의 성격에 맞는 과제를 주어야 하며, 읽기 전에 해결해야 할 과제를 먼저 제시하여 목적을 갖고 읽을 수 있도록 한다.

<교수자의 준비>

① 글의 기능은 무엇인가?

② 글이 어떻게 조직되어 있으며 전개되고 있는가?
③ 어떤 정보나 내용을 글에서 끌어낼 수 있는가?
④ 독자는 글에서 무엇을 추론할 수 있는가?
⑤ 어떤 읽기 전략을 활용해 연습시킬 것인가?

읽기 단계의 목적은 다음과 같다.

- 과제 제시(텍스트의 의도를 이해)
- 텍스트의 구조 파악과 내용 이해
- 훑어 읽기, 자세히 읽기

이 단계에서는 글의 전반적인 이해에서 출발하여 단락, 문장, 또는 단어와 같은 작은 단위로 이동하면서 내용을 이해한다. 자칫 이 단계에서 읽기 수업이 텍스트의 전체 내용이나 흐름과 같은 큰 그림은 무시된 채 단어나 문법과 같은 작은 것에 매달릴 수 있다. 교사는 읽기의 목적에 따른 상향적 모형, 하향적 모형, 상호작용 등 다양한 읽기 유형을 활용해 읽기 능력이 향상될 수 있도록 도와야 할 것이다.

(3) 읽은 후 단계(Post-reading)

읽은 내용을 정리하고 학습 내용을 강화하는 단계이다. 과제와는 직접적인 관계가 없으나 학습이 필요한 어휘나 표현을 위해 교사와 학습자가 함께 글을 읽어 갈 수 있다. 다시 말해 읽은 내용을 학습자의 지식, 흥미, 견해와 관련시켜 정리하거나 강화하는 단계이다.

<교수자의 준비>

① 학습자는 텍스트에 제시된 것과 비슷한 상황을 알고 있는가?
② 텍스트에는 마무리를 요구하는 상황을 제시하고 있는가?
③ 텍스트에서 필요로 하는 견해는 없는가?

읽은 후 단계의 목적은 다음과 같다.

- 읽은 내용을 정리하기
- 어휘, 표현 학습
- 글의 내용 토론하기

텍스트에 대한 이해를 검증하는 확인 단계와 이미 이해한 텍스트를 특정한 목적으로 다시 읽거나, 관련된 다른 자료를 읽는 응용 단계, 다른 언어 기술로 전이하거나 통합하는 통합 단계가 있다. 확인 단계는 텍스트의 이해 정도를 확인하기 위해 텍스트의 내용과 일치하는 내용 고르기, 주제문 또는 제목 찾기, 글의 순서를 바르게 정리하기, 요약문 쓰기, 요약한 내용을 정리해 발표하기 등 다양한 활동을 통해 점검할 수 있다. 응용 단계에는 읽은 텍스트보다 좀더 진전된 내용이나 관련된 자료를 통해 심화된 내용으로 확장하는 활동 등이 있다. 통합 단계에는 읽은 텍스트를 바탕으로 말하기 활동인 토론을 한다거나, 쓰기 활동인 작문을 통해 텍스트 주제와 관련된 자신의 생각을 정리해 보는 통합적 수업 운영이 가능하다.

<읽기 수업의 단계 및 활동>

읽기 전 단계
■ 표, 그림, 지도 등 시각적 자료, 주제와 관련된 질문을 이용한 주제 소개, 주제에 대한 흥미 유발 ■ 글을 읽는 데 필요한 언어 지식 제공

▼

읽기 단계
■ 읽기 목적에 맞는 읽기 전략을 활용해 텍스트의 구조와 내용 파악

▼

읽은 후 단계
■ 읽은 내용을 강화, 정리하는 확인 활동 ■ 텍스트 내용을 심화시킨 응용 활동 ■ 다른 언어 기술로 전이시킨 통합 활동

2) 언어 기능과의 통합

(1) 읽기와 말하기

■ 읽기 전 단계에서의 말하기

- 읽을 내용에 대한 준비 활동을 말하기로 하여 브레인스토밍 시키는 방법을 사용한다.
- 문화적인 거리감, 정보가 미숙한 학습자를 위한 배려로서 스키마 형성을 돕는다.

■ 읽은 후 단계에서의 말하기 활동

- 내용 정리, 강화 역할을 한다.
- 말하기 주제에 대한 깊이 있는 대화 유도하고 조리 있는 표현과 다양한 어휘 사용을 유도하여 읽은 내용에 대한 체계적인 토론을 가능하게 해준다.

(2) 읽기와 듣기

■ 읽을 내용에 대한 동기부여, 흥미유발을 위해서는 학습자 부담을 주지 않는 듣기 형태가 바람직하다. 간단한 비디오 시청, 라디오 광고 듣기 등으로 문제를 제시하거나 흥미를 유발하고 주제로 몰입시킨다.

■ 고급 단계에서 읽은 내용과 관련된 비디오나 뉴스를 시청하여 읽은 내용을 강화하고 통합하는 효과를 줄 수 있다.

(3) 읽기와 쓰기

■ 기능, 인지적 과정, 학습에서 읽기와 쓰기는 중요한 관계를 형성한다.

■ 중급, 고급 단계의 학습자에게 읽기를 통한 쓰기 학습을 통해 두 언어 기능을 효과적으로 연결시키는 것이 바람직하다.

5. 읽기 수업에서 어휘지도

읽기 능력은 어휘력의 영향력을 많이 받으므로 어떻게 어휘를 지도할 것인가는 중요한 부분이다. 글을 읽기 전에 어휘를 먼저 학습할 것인지, 글을 읽어 가면서 학습자 스스로 어휘를 추측하도록 할 것인지, 글을 읽은 다음에 교사와 학습자가 함께 어휘를 학습해 갈 것인지는 글을 읽는 목적과 전략에 따라 다양하다. 일반적으로 읽기 수업에서 어휘 지도는 다음과 같은 문제점을 낳기 쉽다.

상향식 처리 과정으로 글을 읽어야 하는 초급 학습자의 경우는 읽기 전에 관련 어휘와 표현을 학습해야 한다. 그러나 과다한 어휘 설명은 읽기 전 단계의 활동을 비대하게 구성하거나, 읽는 목적과 전략을 모호하게 할 수 있다. 또한 어휘에 집착하는 학습자를 만들어 버리거나 상향식 모형에 치우친 읽기 습관을 유도하므로 주의해야 한다.

이해 중심의 읽기 교육을 위한 상호적인 처리 과정을 유도하는 경우, 읽기 전 단계에서의 어휘 지도는 글을 이해하는 데 있어서 필수적인 어휘에 제한한다. 어휘나 표현의 학습이 매우 제한적인 초급의 학습자를 제외하고는 읽기 전 단계에서의 어휘 지도가 읽기 능력 향상에 도움이 되지 않으며, 상향적인 읽기를 유도하게 되므로 중, 고급 단계에서는 주의해야 한다.

글을 읽는 단계에서는 교사가 일일이 학습자를 간섭하지 않도록 주의해야하므로 읽는 도중에 모르는 어휘를 설명하거나 사전을 찾는 방식을 찾는 방식은 피하도록 하고, 학습자가 문맥에 의존하여 모르는 어휘를 추측하여 과제를 해결하도록 유도한다.

읽은 후 단계에서는 다시 읽기 단계에서 각각의 어휘에 대해 다양한 문맥을 제공하여 이해시켜 어휘를 적절하게 사용하는 연습을 한다. 종종 어휘 지도가 어휘 설명에 그치고 이해 정도를 측정하거나 사용까지 유도하지 못하는 문제가 생긴다. 그러므로 필수적인 어휘에 대해서는 '의미 전달', '의미 확인', '어휘 사용'의 단계를 거치도록 한다.

- 의미 전달 단계

  시각적인 자료(그림이나 사진), 단어 간의 관계를 통한 제시(비슷한 말, 반대말 등), 정의하기, 설명하기, 적절한 문장 제시하기, 조어법 설명하기 등의 다양한 방법을 사용한다. 읽기를 통한 어휘 지도에서는 가능하면 문맥에서의 어휘 이해를 유도하며, 고립된 방법으로 제시하지 않도록 한다.

- 의미 확인 단계

  학습자의 이해 정도를 확인하기 위해서는 간단한 질문에 답하기, 빈칸 채우기 문제, 관계있는 어휘를 유형별로 분류하기 등의 다양한 방법을 통할 수 있다.

- 어휘 사용 단계

  해당 어휘가 이해를 위한 어휘인지, 표현까지를 유도해야 하는 어휘인지에 따라 의미 확인 단계에서 끝나거나 또는 어휘 사용 단계까지 나아갈 수 있다. 어휘를 사용하기 위해서는 다른 언어 요소와 결합하여 유의미적인 상황에서 사용할 수 있는 활동을 구상하여야 한다. 즉 문제 해결하기 활동, 어휘를 적절하게 사용하여 이야기나 대화 구성하기, 토론이나 역할극 수행하기 등이 해당된다.

6. 읽기 활동의 유형

독자가 무엇을 읽는지에 따라, 왜 읽는지 그 목적에 따라 읽기 활동의 유형은 달라진다.

(1) 대강 읽기(Skimming)

속독으로 글을 대강 읽기는 텍스트의 기본적인 정보를 얻기 위해 매우 빠르게 읽는 것을 말한다. 따라서 모든 정보를 다 읽을 수는 없지만 주제가 되는 문장이나 제목, 그림, 표 그래프 등을 빨리 읽어 텍스트가 무엇을 말하려고 하는지에 대해 대략적인 정보를 얻을 수 있다. 예를 들면

▷ 下面是报纸的文化版。请阅读题目并回答问题。

1. 为什么题目是《周末去哪里》?
2. 信息是怎么构成的？
3. 有什么类型的信息?
4. 这些信息中有你们感兴趣的信息吗？
5. 这些信息中包括找公寓或房子的内容吗？
6. 下午有什么可以看的？

(2) 훑어 읽기(Scanning)

속독으로 글을 훑어 읽기도 필요한 정보를 찾기 위해 빠른 속도로 읽는 것이다. 보통 시간이나 장소 이름 등과 같은 자신에게 중요한 정보를 찾기 위한 목적이다. 예를 들면

▷ 下面是报纸的文化版. 请阅读题目并回答问题.

1. 朋友喜欢中国代表性的喜剧《京剧》. 所以说要一起去看演出. 在哪里, 什么时候表演？还有价格是多少？
2. 听说这个周末还有为孩子们准备的演出. 如果是事实的话, 什么时候, 在哪里, 有什么表演？
3. 我喜欢京剧, 听说在北京演出. 这京剧什么时候、在哪里、几点表演？

(3) 자세히 읽기(Through Comprehension)

읽으려는 텍스트의 전체 내용, 즉 대략적인 정보뿐만 아니라 텍스트의 구조, 논리, 주제를 이해하기 위해 또는 텍스트의 내용을 파악하기 위해 자세히 정독하면서 읽는 활동 유형이다. 글쓴이의 의도나 중심 생각을 먼저 파악한 후, 텍스트에 등장한 단어나 개념까지 거의 대부분 이해를 한다. 혹시 모르는 단어가 나오면 문맥에서 파악을 하거나 사전을 찾아 그 의미를 파악한다. 예를 들면

▷ 请阅读 "关于演出的信息, 如果正确, 请回答O, 如果错误, 请选择X."

1.《杰克与海德》去年夏天首次公演.( )
2. 出演该演出的演员因该作品获奖.( )
3. 这场演出在上次演出中没受欢迎.( )
4. 坐在最贵的座位上观看演出的话得需要5万韩元左右. ( )

(4) 비판적 읽기(Critical Reading)

논란거리가 되는 글을 읽을 때 글의 내용에 대해 자신의 입장을 정리해 판단을 내리게 된다. 즉 글을 읽어 가면서 글쓴이의 생각에 동의하는지 그렇지 않은지 생각하여 판단을 내리게 된다. 예를 들면

▷ 请根据新闻报道内容回答以下问题.

1. 为北京市民设计一场盛大的演出，您认为哪种形式比较合适？
2. 你认为在这个文化版面上介绍足球比赛的赛程好吗？
3. 请看这里介绍的演出之一，和朋友谈谈演出感想.

(5) 끊어 읽기

중국어 끊어 읽기의 경계는 문법적 경계, 화용적 경계 등으로 구분될 수가 있다. 중국어 끊어 읽기의 경계는 발화의 속도, 문장의 길이 등 언어적인 요소와 밀접한 관계가 있으며, 화자의 나이, 교양 수준, 감정적 요소, 심리적 요소, 상황인식 등 비언어적인 요소도 이에 영향을 미친다.

첫째, 문법적 경계

중국어 끊어 읽기에 가장 기본적이고 중요한 요소는 문법적 경계라 할 수 있다. 화자가 청자에게 정확하게 자신의 의사를 전달하려면 끊어 읽기의 문법적 구조의 경계를 알려야 하고 그것을 통해서 의미구조를 청자에게 이해시킬 수 있기 때문이다. 청자도 일련의 발화 속에서 문법적 끊어 읽기를 통해서 자신이 알아내려는 의미정보를 얻게 된다.

① 주어(주제어) 뒤에 끊어 읽는다. 중국어 문장에서 주어 또는 주제어가 겹치는 경우가 종종 볼 수 있다. 화자가 어떤 주제나 화제를 갖고 말할 때 그것을 부각시키기 위해 끊어 읽는 것이 보통이다.

海面上/刮起了大风. 바다 위에/ 큰바람이 불기 시작했다.
猎人/快追上我了. 사냥꾼이/ 곧 나를 따라잡을 거다.
我/可以出来了. 난/ 나와도 된다.

② 연동문

- 동사구+동사구 사이
连忙站起来/让座. 얼른 일어서서/ 자리를 양보했다.
追上来/找不着狼. 쫓아와/ 늑대를 찾지 못했다.

- 동사구+부사어+동사구
推开门/轻轻地/走了进来. 문을 열고/ 살금살금/ 들어왔다.
骑着自行車/在路上走. 자전거를 타고/ 길을 가고 있다.

- 부사어+동사구+동사구

只好/穿着这件衣服/去车站. 할 수 없이/ 이 옷을 입고/ 정류장에 갔다.

③ 부사어+동사구의 사이

- 전치사구+동사구의 사이

正从水天相接的地方/升起来. 바야흐로 물과 하늘 끝이 잇는 곳에서/떠오르다.

一个连一个/朝着岸边涌过来. 연이어 강언덕을 향해/몰려온다.

在你的口袋里/躲一躲. 당신의 자루 안에/좀 숨자.

从岔道上/逃走了. 갈림길에서/도망쳤다.

对狼/太仁慈了. 늑대에 대해서/너무 인자했다.

- 부사+동사구의 사이

霎时间/洒遍了银光. 순식간에/은빛을 뿌려놓았다.

刚才/捆着我的腿. 방금/내 다리를 묶었다.

现在/饿得很. 지금/아주 배고프다.

④ 동보구+명사구의 사이

- [동사+결과(방향)보어]+명사구

听到/断断续续的琴声. 들릴 듯 말 듯한 피아노 소리를/들었다.

记不住/该怎么弹. 어떻게 쳐야 할지를/기억하지 못했다.

又扑到/右边. 또 오른쪽을/덮쳤다.

还压上了/好多书. 또한 꽤 많은 책을/쌓았다.

- [동사+가능보어]+명사구

  装得下/一只狼. 늑대 한 마리를/담을 수 있다.

⑤ [동사+得]+정보보어의 사이

  累得/直喘气. 고단하여/숨이 막 차다.
  扎得/紧紧的. 꽉/동여맸다.
  听得/入了神. 정신이 홀릴 정도로/들었다.
  显得/格外清幽. 유난히 청명하게/드러났다.

⑥ 把구문에서 [把+명사구]+동사구의 사이

  把刚才弹的曲子/『月光曲』/记录了下来. 방금 쳤던 곡인/"달빛 소나타"를/적었다.
  就把它/放了出来. 바로 그놈을/풀어주었다.
  把事情的经过/都告诉了他. 그 일의 경위를/모두 그에게 알려주었다.
  就把好事/做到底. 좋은 일을/끝까지 하다.

⑦ 被动구문에서 [被+명사구]+동사구의 사이

  被月光/照得雪亮的浪花. 달빛에/반짝반짝한 물보라를 비치다.
  被美妙的琴声/陶醉了. 아름다운 피아노 선율에/도취되었다.

⑧ 사역구문에서 [让+인칭대명사]+동사구의 사이

  让我/吃了你吧. 내가/너를 잡아먹게 해줘.
  叫东郭先生/用绳子捆着. 뚱꿔선생더러/밧줄로 묶으라고 했다.

둘째, 화용적 끊어 읽기

중국어의 끊어읽기는 위에서 기술한 규칙적인 문법적 끊어읽기 경계로 모두 설명될 수는 없다. 여기서 다루는 화용적 끊어읽기는 화자와 청자가 대화하는 상황에 근거하여 필요에 의해 원래 문법적 끊어읽기 규칙을 벗어나면서 일어나는 끊어읽기 변형이라 하겠다. 그러나 이렇다고 해서 화용적 끊어읽기가 아무 원칙도 없이 이뤄지는 것은 아니다. 다음은 문법적 끊어읽기 규칙을 벗어나는 용례를 보기로 한다.

① 주어 뒤에 끊어 읽지 않고 융합되는 경우

他在幽静的小路上/散步. 그는 고요한 오솔길에서 산책하고 있다.
(주어가 전치사구와 융합되었음)
你别/难过. 당신이 괴로워하지 마세요.
(주어가 부정부사와 융합되었음)
我是来弹一首曲子/给这位姑娘听的. 저는 이 아가씨에게/ 한 곡을 쳐 주기 위하여 왔다.
(주어가 연동구조와 융합되었음)
我永远/忘不了你的恩情. 난 영원히/ 당신의 은혜를 잊지 않을 것이다.
我一定/会饿死的. 난 틀림없이 굶어죽을 것이다.
他躲到/驴子右边. 그는 당나귀 오른쪽으로 숨었다.

위의 예를 보면 주어가 뒤의 문장성분과 융합되는 경우가 상당수 보인다. 이와 같은 말뭉치의 융합은 1차적으로 문장의 길이, 즉 음절수에 의해서 결정된 것이다. 이들 말뭉치의 융합은 주어와 천치사구,

주어와 부사어, 동사구와 융합의 경우이다. 말뭉치 내에는 연독(连读)해서 전체 문장이 2박자 리듬의 조화를 이룬다.

② 부사어+동사구가 짧아서 융합되는 경우

传说/是这样谱成的. 들린 바에 따르면/이렇게 써낸 것이다.

보통 글에서 부사어+동사구의 말뭉치가 짧기 때문에 융합이 잘 일어난다. 전체적으로 볼 때 음절수가 적어서 융합되는 예가 문법적 경계를 두는 예보다 많다.

③ 긴 관형어가 융합되는 경우

看到了/她从来没有看到过的景象. 그녀가 여지껏 보지 못했던 광경을/보았다.

"景象"은 수식을 받는 명사이며 동사의 목적어이기 때문에 중요하다. 따라서 "的"를 경계로 하는 그 앞의 관형어들은 보통 압축을 통한 융합을 하게 된다. 이때, 뒤의 명사를 부각하기 위하여 "的" 앞의 관형어를 한 박자와 명사 한 박자 2박자로 발음해야 한다. "的" 앞의 관형어의 빡빡한 압축과 또박또박하게 하는 2음절 중심어의 여유있는 리듬이 대비되면서 균형을 이룬다.

④ 술목구조에서 동사가 목적절의 주어와 융합되는 경우:

等他们/苏醒过来. 그들이 깨어나기를/기다리다.

원래는 동사가 목적어와 융합하는 경우를 흔히 볼 수 있다. 그러나 여기서는 동사가 목적절의 주어와 융합하는 경우이다. 즉 문법적 경계를 무시하고 말뭉치의 길이를 우선적으로 고려하는 경우이다.

셋째, 끊어 읽기의 리듬

중국어 자체가 리듬있는 언어로서 음절수에 따라 박자가 맞아 조화를 이룰 때, 비로소 중국어 읽기도 제대로 할 수 있다. 이것이 중국어 리듬 조화의 이치이며 운률있는 시가 되었을 때 비로소 아름다운 음악으로 청자에게 다가가는 것이다. 다음은 실제 예를 보기로 하겠다.

贝多芬/去各地旅行演出 : 앞의 말뭉치의 음절수가 적으니 끊는 경계도 확실하게 하여 또박또박 읽고, 뒤의 말뭉치의 음절수가 많으니 압축해서 짧게 읽어서 앞의 리듬과 뒤의 리듬이 조화를 이루도록 한다.

看到了/她从来没有看到过的景象 : 세 음절밖에 안 되는 앞의 말뭉치를 의식적으로 여유 있게 읽고, 뒤의 음절수가 많으니 “的” 앞의 관형어를 압축해서 짧게 읽는다. “她从来没有看到过的”, “景象”을 각각 한 박자로 읽어 앞의 2박자와 균형을 이룬다. 그러나 뒤의 말뭉치를 지나치게 길게 발화하면 리듬의 균형이 깨져 어색하게 들리니 유의할 필요가 있다.

他在幽静的小路上/散步 : 위의 경우와 반대이다. 앞의 음절수가 뒤의 것보다 훨씬 길어서 2박자로 압축해서 짧게 읽고, 뒤의 말뭉치를 의식적으로 여유있는 2박자로 읽어서 조화를 이루게 한다. 이때 앞의 음절을 너무 느리게 읽으면 앞부분이 무거운 느낌을 주기 때문에 조심해야 한다.

把事情的详细经过/都告诉了他 : “把구문” 또는 “被구문”의 경우, 바로 뒤의 관형어와 명사(대상자, 행위자)가 아무리 길어도 “把”나 “被”와 융합을 이룬다. 앞의 음절수가 뒤의 것보다 길기 때문에 2박자로 압축해서 읽고, 뒤의 말뭉치도 의식적으로 2박자로 맞춘다. 이때 앞뒤의 발화의 길이를 비슷하게 내야 청자에게 거슬리지 않게 들린다.

在你的口袋里/躲一躲 : 앞의 말뭉치의 음절수가 많으니 압축해서 2박자로 읽고 뒤의 말뭉치의 음절수가 적으니 분명한 2박자로 읽어 앞뒤의 리듬이 조화를 이루도록 한다.

我永远/忘不了你的恩情 : 앞의 “永远”을 의식적으로 여유있는 2박자로 읽고, 뒤의 “忘不了你的恩情”을 “忘不了”, “你的恩情”처럼 2박자로 압축해서 짧게 읽는다. 여기서 “永远”, “忘”, “恩情”에 강세를 두어 읽어 전달하고자 하는 의미초점을 부각시켜야 한다. “恩情”의 관형어인 “你的”는 부각할 필요가 없어 약하게 읽는다. 강세처리를 잘 하면 내용에 담은 감정이 살아나게 된다.

제3장

중국어 듣기 교육

▌ 교사는 중국어 듣기 교육에 관한 기본 원칙을 숙지하고 있어야 함은 물론, 중국어 듣기를 가르칠 때에 학습자에게 중국어 듣기에 관한 지식을 전달해 줄 수 있는 능력과 기법을 갖추고 있어야 한다.

• 기본 원칙

① 집중적 듣기와 길게 이어진 텍스트 듣기 방식을 결합하여 교육을 실시한다.
② 듣기를 위주로 하여 말하기와 결합하여 교육을 실시한다.
③ 학습자가 듣고 이해한 내용(이해 가능한 언어 입력)과 실제 정보 사이에 공백이 생길 수 있다는 것을 중요시한다.
④ 다량이 듣기 반복 연습을 중요시한다.
⑤ 학습자 개인의 수준에 맞추어 듣기 과제를 제시한다.

• 기본 능력

① 학교 수업 중의 듣기 연습 유형에 관해 숙지해야 한다.
② 듣기 기능이 다른 언어적 기능과 가지는 상관관계에 대해 이해하고 그 다른 언어적 기능과 듣기 기능을 결합하여 연습시킬 수 있어야 한다.
③ 듣기 전과 듣는 과정 및 듣고 난 뒤에 제시할 과제를 유형 별로 파악할 수 있어야 한다.
④ 학습자가 안고 있는 듣고 이해하는 과정에서의 문제점을 파악한 다음 학습자의 듣기 연습 방법을 신속하게 교정시켜 줄 수 있어야 한다.
⑤ 학습자에게 실제 일상 대화에 쓸 수 있는 듣기 기법이나 전략을 지도해 줄 수 있어야 한다.
⑥ 강의에 필요한 듣기 자료를 고르거나 제작할 수 있어야 한다.

1. 듣기 교육의 중요성

우리는 매일 친구나 동료, 이웃들과 대화를 하기도 하며 전화로 이야기를 나누기도 한다. 또한 버스나 시장, 지하철 등 주변에서 우연히 들려오는 타인의 대화를 듣게 되며, 라디오나 텔레비전을 시청하며 각종 안내 방송을 듣는다. 우리가 듣는 내용(input)은 주제나 길이에 있어서 매우 다양하다. 어떤 경우에는 단순한 청자의 역할을 하기도 하지만, 어떤 경우에는 상호작용의 참여자로 역할을 하기도 한다. 듣는 목적도 단순히 정보를 얻는 것에서부터 대인 관계 유지와 오락에 이르기까지 다양하다. 예를 들면 우리가 일상생활에서 우산을 가져갈 것인지, 옷을 따뜻하게 입을 것인지 결정하기 위해서 일기예보를 듣는다든지, 아침에 만난 동료나 친구와 함께 어제 저녁 뉴스에서 보도된 사건에 대해서 이야기를 나누고 세상 돌아가는 이야기를 한다든지, 친구와 약속을 정하기 위해서 서로의 일정을 듣는다든지, 동료가 없는 사이에 걸려온 전화를 대신 받고 전달 내용을 적어둔다든지, 여행사나 항공사에 전화를 걸어 호텔이나 비행기 표를 예매한다든지, 관심 있는 주제의 TV 다큐멘터리를 시청한다든지 하게 된다. 이처럼 여러 가지 이유로 여러 가지 상황에서 여러 가지의 목적을 달성하기 위해서 듣기 활동을 하게 된다.

전통적인 교수법에서 듣는 활동은 수용적인 역할만을 하는 수신자로 인식되어 왔다. 말하는 사람이 언어 기호를 사용하여 자신의 생각을 표현하면, 수신자는 전달된 메시지를 이해한다. 이러한 이해를 바탕으로 발신자와 수신자는 서로의 역할을 바꾸어서 지속적으로 의사소통을 하게 된다. 그러나 듣는 자(청자)는 말하는 자(화자)와 함께 하나의 담화를 구성하는 공동 참여자가 되어 의사소통을 할 때 청자의 역할은 매우 중요하다. 듣는 것은 원활한 의사소통의 출발점이 된다는 점에서 듣기 교육은 의사소통 중심의 교육 현장에서 매우 중요하다. 그러나 말하기 교육의 다양화를 위한 방법으로 제공되는 듣기나, 문형 연습을 위해서 제공되는 듣기 활동만으로는 실제 담화 현장에서의 성공적 의사소통을 하기 어렵다. 만일 기존의 방식으로 듣기 교육이 진행된다면 복잡한 담화 요소들로 가득한 실제 담화 상황에서 화자의 태도나 내적 의미를 파악하고, 안내방송을 듣고 정보를 얻어내며, 소음이 가득한 길거리에서 행인에게 정보를 요구하고 얻어내는 실생활 과제를 성공적으로 수행하기 어렵다.

듣기는 다른 기능으로의 전이 능력이 가장 크다. 듣기는 음성 언어라는 공통점을 갖고, 들을 수 없으면 말할 수 없는 관계이므로 말하기와 불가분의 관계이다. 또한 듣기와 읽기는 이해 영역이라는 특징을 가지고 있기 때문에 듣기를 통해 형성된 이해 능력은 읽기 능력이 자연히 향상된다. 결국 듣기는 청자의 필요에 따라 내용을 선별하여 듣는 적극적인 활동이며 의사소통에 중요한 부분이다.

2. 듣기 수업의 내용과 교육

1) 듣기의 내용

일반적으로 듣기는 외국어 학습자들에게 어려운 기능으로 인식되어 있다. 말하기의 기능과 동시에 일어나는 상호대응(interactive: participatory)의 듣기 기능은 대화의 상황에서 이해를 가능하게 하거나 청자가 화자에게 의미를 순간적으로 확인할 수 있기 때문에 일방적인(non-participatory) 듣기 기능보다 쉬울 수 있다. 그러나 일반적으로 외국어 학습자로서의 청자는 화자가 말하는 단어마다 의미를 직선적으로 이해하려는 경향과 읽기와는 달리 직선적으로 듣는 모든 음성들이 순간으로 사라지기 때문에 한번 단어를 놓치면 더 이상 의미를 연결하지 못한다. 이러한 예를 보면, 듣기도 읽기와 마찬가지로 직선적인(linear) 의미 파악만으로는 습득하기 어려운 기능이라 할 수 있다.

그렇다면 의사소통 중심의 듣기 교육은 어떤 교육 내용을 포함해야 하는가? 듣기 교육은 단순히 음성으로 들리는 단어의 뜻만을 이해하는 것이 아닌, 어휘, 화자의 발음, 성조(억양, 리듬), 문법 규칙, 단어의 사용 방법, 문장 구조, 문맥 등을 이해할 수 있도록 하는 것이며, 화자와 청자의 관계나 담화 상황에 대해 이해할 수 있는 사회언어학적 능력도 포함된다. 그러므로 중국어 교육에서 문법적 교육 뿐만 아니라, 문장 단위의 이해를 넘어 전체 담화를 이해할 수 있는 능력을 갖추어야 한다. 또한 전략적 능력은 이해가 어려운 상황에서 문장의 문법적 이해보다 핵심적인 어휘의 의미 파악을 통해 문장의 의미를 파악하도록 하는 것이며, 이는 하향적 듣기 전략이나 상호작용적인 듣기 전략을 통해 향상될 수 있다. 많은 연구에서 듣기 능력을 구성하는 요소로 다음과 같이 제시하고 있다.

- 화자가 말하려고 하는 내용을 예측하는 능력
- 주제 관련 어휘들의 의미를 추측하는 기능
- 듣기 문맥의 주제에 대한 자신의 지식을 이용하여 의미를 이해하는 능력
- 문법적 형태와 통사구조를 이해하는 능력
- 관계있는 내용들과 관계없는 내용들을 구별하는 능력
- 요점을 정리할 수 있는 능력
- 문맥에서 접속사를 파악하는 능력
- 정보전달에 기여하는 다양한 성조를 이해하는 능력
- 화자의 태도를 나타내는 비언어적인 의도를 이해하는 능력

듣기 기능 자체에도 여러 가지의 기본적인 과정들이 포함되어 있다. 언어학적인 이해능력과 이미 경험해 알고 있는 선험적인 지식, 또 심리학적인 요소들, 문화적인 요소들이 모두 동시에 작용해서 의미를 이해할 수 있게 하는 것이다. 언어학적인 이해능력은 아마도 언어형태적인 것을 인식할 수 있게 하지만, 그 외의 다른 요소들은 의미를 이해하는데 언어학적인 요소와 더불어 작용한다고 할 수 있을 것이다. 이에 따라 듣기 기능을 교육할 때도 음성과 의미, 음성과 문법적 구조만 연결시키는 훈련이 아니라, 위에 제시한 듣기를 가능하게 하는 기능들을 연결시켜야 한다.

2) 구어의 특징

구어와 문어를 구분하는 기준은 계획성, 맥락성, 형식성으로 나눌 수 있다. 첫 번째, 계획성이라는 측면에서 구어가 사용되는 일상적인 대화의 상황은 계획성이 미약하다. 무엇을 어떻게 말할 것인지 사전에 계획을 세워 준비한 후에 대화하는 일도 있지만 일반적이지는 않다. 아무런 준비 없이 그 자리에서 상대방과 대화를 만들어 가는 일이 많다. 두 번째, 맥락성에서 볼 때 구어는 맥락성이 풍부하다. 예를 들면 대화에는 구체적인 참여자가 있고 시간과 장소를 공유하며, 상호 간에 공유된 지식이나 정보가 있다. 따라서 공유된 사항에 의존하여 대화하며 이해한다. 세 번째, 형식성에서 보면 참여자 간의 사회적 지위나 거리 등이 작용하기는 하나 일반적으로 일상적인 대화 상황은 정해진 약속이 적어 형식성이 낮다. 반면에 문어는 계획적이고 맥락성이 약하고 형식성이 높다. 보통 논문은 무엇을 어떻게 쓸 것인지 미리 계획을 세우고 쓴다. 그리고 읽는 이와의 사이에 공유 지식을 전제할 수 없으며, 전하고 싶은 것은 문자만으로 표현한다. 공식적이며 형식성도 높다. 물론 이러한 구분은 전형적인 분류 방법이다. 구어에서도 강연을 하는 경우에는 계획성이 높아지고 반대로 맥락성은 낮아지며 형식성이 높아진다. 또한 문어일지라도 친한 사람에게 메일을 보내는 경우, 계획성은 낮아지고 맥락성이 높아지며 형식성은 낮아진다. 따라서 전형적인 문어와 전형적인 구어는 연속체로 존재한다고 생각할 수 있다.

전형적인 구어의 특징은 다음과 같이 요약할 수 있다.

① 발화는 완결된 문장으로 구성되어 있지 않고 구나 절로 구성되어 있다.
② 발화는 화자나 청자가 공유하는 구정보를 바탕으로 하여 새로운 정보를 제공하는 형식으로 이루어진다.
③ 화자나 청자가 거리를 두지 않고 개인적인 관계임을 강조한다.
④ 어휘나 문체 등에 공적인 성격이 없다.
⑤ 문법이 아닌 인접되어 말하는 것에 따라 명제간의 관련성을 나타낸다.
⑥ 수정이나 반복을 많이 사용한다.
⑦ 공백어, 휴지, 억양이 있다.

3. 듣기 자료와 전략

듣기 자료 선택 시 가장 우선적으로 고려되어야 할 점은 자료의 실제성이다. 이는 듣기 활동에서 사용되는 그림, 사진이나 녹음 등이 실제적이어야 된다는 의미이다. 실제 담화 장면에서 우리는 상대의 표정 등을 보게 되지만 교실 활동으로 국한시키면 이런 실제적인 장면은 불가능하기 때문에 이를 보충할 실제적인 자료가 필요하다. 녹음 자료 역시 실제적으로 들을 수 있는 담화의 상호작용적 요소, 주변 소음, 구두 언어에서만 나타나는 특징 등을 모두 담고 있어야 한다. 교실에서 듣기를 위한 활동이나 교재를 어떻게 하면 듣기 활동의 폭이 확대될 수 있겠는가? 일상 생활의 다양한 상황에서 원활히 들을 수 있는 듣기 능력의 육성을 목표로 듣기 활동 전략이 필요하다. 독립된 듣기 전략은 그다지 일반적이지 않다. 초·중급 수준에서는 문형학습에 중점을 두고, 언어의 네 가지 기능을 대상으로 하는 경우라도 듣기는 문형연습이나 회화연습에 가려져 테스트용으로만 사용되는 일이 많다. 그렇지만 듣기가 포함된 이해 과정 전반이 언어습득에서 차지하는 위치는 대단히 높으며, 특히 초·중급 전반기는 그 이후의 언어능력 기초를 다지는 중요한 시기이다. 듣기·읽기 능력의 영역에서 확고한 기반이 마련된다면, 그 위에 형성되는 말하기·쓰기와 같은 산출능력도 보다 풍성해질 수 있다고 생각되기 때문이다. 아울러 말하기와 달리 듣기는 굳이 따로 시간을 할애할 필요가 없다. 그러나 듣기에는 듣기 학습의 어려움이 있어 이를 위한 학습과 전략이 필요하다. 예를 들면 무언가를 말할 경우에는 미리 자신이 무엇을 어떻게 말할지를 정할 수 있으므로, 대화에서 자신이 화자가 되었을 때 무엇을 말하고 있는지 모르는 일은 거의 없다. 그런데 청자가 되어 상대방의 말을 들을 경우에는 화제가 무엇인지 전혀 짐작조차 못하는 일도 있을 수 있다. 상대방에 의해 결정되는 것으로 자신이 조절할 수 있는 일이 적어지기 때문이다. 특히 이문화간 상대와의 대화에서는 실제로 공유하고 있다고 생각하는 것이 실제로는 공유되지 않기도 한다. 그러므로 상대방의 말을 듣고 화제를 파악하거나 청자로서의 대화 참가 방식을 배우는 학습은 말하기 위한 학습과는 별도로 전략이 설정되어야 한다.

듣기 능력 양성을 위해 어떤 전략이 가능한가 구체적으로 생각해 보면, 과거에서 지금까지 카세트테이프나 CD를 들은 후 그 내용에 관해 5W1H(누가, 언제, 어디서, 무엇을, 왜, 어떻게)의 질문에 답하는 형식을 상상하는 사람이 많을 것이다. 특히 초·중급 수준에서는 그러한 경향이 현저하다.

대화 형식의 문장을 듣는 경우, 주로 두 사람이 특정 대상에 대한 심리, 태도, 의도, 행동 등을 질문하기 때문에 대화 내용을 놓치거나 혼동하기 쉽다. 그러므로 대화의 흐름을 연결하여 중간중간 핵심 단어나 문장을 구분하여 기억해야 한다. 예를 들면 다음과 같은 질문을 할 수 있다.

듣기 연습 1 : 장문 질문유형

① 男(女)的是什么意思?(판단)	남자(여자)는 무슨 의미입니까?
② 男(女)的认为……怎么样?(분석)	남자(여자)는 ~을 어떻게 생각합니까?

③ 男(女)的对……什么态度(어기)　　남자(여자)는 ~에 대해 어떻게 생각합니까?

④ 男(女)的可能在哪儿?(장소)　　남자(여자)는 어디에 있습니까?

⑤ 男(女)的为什么……?(이유)　　남자(여자)는 왜 ~합니까?

⑥ 关于男(女)的可以知道什么?(유추)　　남자(여자)에 관하여 알 수 있는 것은 무엇입니까?

긴 문장을 듣는 경우, 특정 상황이나 사건 또는 인물이나 경험을 설명하고 묘사하는 형식으로 이야기를 구성한다. 그러므로 전체적인 줄거리를 이해하며 내용의 핵심이 되는 단어나 구절을 파악해야 된다. 예를 들면 다음과 같은 질문을 할 수 있다.

듣기 연습 2 : 단문 낭독유형

① 他在谈论什么?(소재)　　그는 무엇을 이야기하고 있습니까?

② 谈话人主要想说什么?(주제)　　화자가 주로 하고자 하는 말은 무엇입니까?

③ 这段话主要讲什么?(주제)　　이 단락의 말은 주로 무엇을 이야기하고 있습니까?

④ 这段话告诉我们什么?(주제)　　이 단락의 말은 우리에게 무엇을 알려줍니까?

⑤ 主要观点是什么?(관점)　　주요 관점은 무엇입니까?

⑥ 这件事情可能发生在哪儿?(장소)　　이 일은 어디서 발생했습니까?

⑦ 这场交通事故怎么发生的?(배경)　　이 교통사고는 어떻게 발생했습니까?

⑧ 说话人为什么没跟老师说?(원인) 화자는 왜 선생님에게 말하지 않았습니까?

이러한 형태는 듣기 연습의 특징으로 다음과 같은 점을 들 수 있다.

- 연습의 목적은 문맥 중에 들어있는 이미 학습한 문형이나 어휘를 듣고 분석할 수 있으며, 텍스트 내용을 알아들을 수 있도록 하는 것이다.
- 테이프나 CD를 3회 정도 들으면 텍스트 내용을 이해할 수 있도록 만들어져 있다.
- 설문을 읽고 그것에 대해 답하는 형식이 많다.
- 테이프를 듣기 전이나 후의 활동이 특별히 없다.
- 화자는 원고를 읽는 것과 같은 말투를 사용한다.

듣기전략을 학습할 때, 특정한 구체적인 목적을 달성하기 어려운 텍스트를 듣는 연습은 여러 가지 문제점을 가지고 있다. 따라서 듣기의 텍스트를 검토하여 듣기 전략을 다음과 같이 설정해야 한다.

1) 목적을 가지고 집중해서 들을 수 있어야 한다.
2) 적절한 예측 하에서 들을 수 있어야 한다.
3) 듣기 텍스트가 구어의 특징을 지녀야 한다.
4) 화자가 보여야 한다.
5) 답변 방식에 신중해야 한다.

4. 듣기 수업 구성

1) 수업 구성의 원칙

효과적인 듣기 수업을 구성하기 위해 의사소통 교육의 원리를 준수하며 이해 교육의 육성을 반영한다. 수업 구성의 원칙은 다음과 같이 요약할 수 있다.

- 학습자가 목적을 가지고 듣기 활동을 하도록 교육한다.
- 학습 내용에 대해 스키마를 형성할 수 있도록 교육한다.
- 발음 구별, 통사 구조, 문맥, 사회문화적 배경의 이해를 위해 듣기 전략을 교육한다.
- 활동 목적에 맞는 반응 방법을 선택한다.
- 수업 목표에 따라 상향식, 하향식 과정의 듣기를 활용한다.
- 실생활의 과제 수행 능력을 배양한다.
- 여러 언어 기능과의 통합 교육을 통해 언어 능력을 강화한다.

2) 수업 구성의 단계

실생활에서 학습자는 듣는 활동만이 존재하지만 교실에서는 이해하기 쉽게 준비하는 듣기 전 단계와 수행하는 듣기 단계, 이해를 강화하는 듣기 후 단계 등 3단계로 구성한다.

(1) 듣기 전 단계(pre-listening)

계획된 듣기 자료를 들으면서 과제를 수행하는 단계이다. 자료를 듣기 전에 과제를 정확하게 제시하고 활동 방법을 설명한다. 듣기 전(pre-listening) 활동은 본격적인 듣기가 이루어지기 전에 듣게 될 내용에 대해 목적과 기대를 가지고 준비할 수 있도록 학습자를 이끄는 것이다. 이러한 활동은 두 가지로 구성된다. 하나는 배경지식을 형성할 수 있도록 하여 학습자가 들을 때 어느 정도 사전 지식을 갖고 들을 수 있도록 도와주는 활동이고, 다른 하나는 주제 관련 어휘나 표현을 학습하는 활동이다. 구체적으로 듣기 전 활동을 나열하면 다음과 같다.

> 주제가 짧은 글 읽기, 제목이나 사진, 삽화, 도표, 실물 등 주제 관련 시각 자료를 통해 글의 내용 예상하기, 그림이나 사진에 대한 느낌 말하기, 주제에 관한 학습자들의 생각 나누기, 주제 관련 어휘 및 표현 학습하기

그러나 듣기 전 활동은 배경 지식 활성화와 관련된 학습 활동이어야 한다. 그렇지 않고 단순히 듣기 단계에서 들을 내용에 나오는 어휘나 표현, 문법 등을 미리 공부하게 하는 데 그치면 교실 밖에서 학습자가 중국어를 듣게 될 때 배경지식을 활성화할 수 없다. 중요한 것은 어려운 것을 친절하게 알려 주는 것이 아니라, 우리가 모국어 상황에서 들을 때 동원하는 사고 과정을 응용하여 학습자 자신들이 해당 주제와 관련된 어휘, 표현, 생각, 경험 등의 배경지식을 이끌어 낼 수 있도록 하는 것이다.

(2) 듣기(while-listening) 단계

듣기(while-listening) 단계는 다른 단계에 비해 말하기, 읽기, 쓰기 등과의 통합을 줄이고 듣기 활동에 집중한다. 이 단계에서 주의할 것은 첫째, 듣기 활동이 마치 듣기 능력을 평가하는 시험문제 풀이처럼 구성되어서는 안 된다. 활동은 과제의 수행에 역점을 두어야 하며 궁극적으로는 역시 담화 현장에서의 중국어 듣기 능력 향상에 도움이 될 수 있도록 의사소통적이고 실제적이어야 한다. 둘째, 하나의 듣기 담화를 가지고 수행하게 되는 과제 활동은 하나에서 많아도 세 개를 넘지 않아야 한다. 이는 우리의 정보를 유지하는 능력이나 일상생활에서의 듣기 활동을 생각해 볼 때 자연스러운 것임을 알 수 있다. 이 단계에서의 활동은 크게 광범위한 듣기 활동(extensive listening activities)과 집중적 듣기 활동(intensive listening activities)으로 나누어진다. 전자는 하향적이고 전체적인 내용 이해를 돕는 활동이고, 후자는 언어의 특정 부분을 다루며 세부적인 사항의 이해를 돕는 상향적 활동이다.

(3) 듣기 후 단계(post-listening)

듣기 후 단계(post-listening)는 들은 내용을 정리하고 강화하는 단계이다. 즉 문법, 단어, 발음, 말하기, 읽기, 쓰기 등 여러 언어학습 분야로 연계 학습을 하는 단계이다. 따라서 학습자들은 내용 이해를 확인하고, 새로운 문법 구조, 단어, 발음에 대해 간단히 점검한다든지, 말하기, 읽기, 쓰기로 연결되는 학습 활동을 하게 된다. 듣기 수업은 듣기 수업이 별도로 준비된 수업인지, 통합 수업에서 듣기 활동을 포함하는 수업인지에 따라 다르게 구성된다.

4) 수업 구성의 사례

(1) 듣기 수업 [중급]

① 단원의 주제 : 집, 주생활

② 단계별 과제 활동(선택적 수행)

단 계	번호	과제 내용	과제 수행 활동
듣기 전 활동	1	집의 구조와 종류 알아 보기	선 긋기
	2	자신이 생각하는 좋은 집의 우선순위 말해 보기	이야기하기
	3	공동생활의 규칙 이야기 하기	이야기하기
듣기 활동	1	기숙사에서의 규칙 전달 받기	맞는 그림 고르기
	2	단전, 단수 등 관리사무소의 안내 방송 듣기	맞는 그림 고르기
	3	친구의 집에 대한 이야기를 듣고 만족도와 이유 파악하기	이유 파악하기
	4	이사 온 집 주변의 교통편, 편의시설 이웃에게 물어보기	반응 고르기
	5	관리사무소에 전화 걸어 불편 사항 접수하는 내용 듣기	내용 파악하기
듣기 후 활동	1	문법, 어휘, 표현, 발음, 성조 점검하기	언어 학습
	2	광고 읽고 아파트 비교하기	비교하기
	3	방 친구와 생활 규칙 정하기	토의하기
	4	매매하기 위해 자기 집의 구조와 특징 소개하기	소개하기

(2) 듣기 수업 [중급]

① 단원의 주제 : 여행

② 단계별 과제 활동(선택적 수행)

단 계	번호	과제 내용	과제 수행 활동
듣기 전 활동	1	중국 여행정보를 얻는 방법 알아 보기	그림 선택하기
	2	자신의 여행 경험 이야기하기	이야기하기
	3	여행의 필수품, 주의사항 목록 작성하기	메모하기
듣기 활동	1	여행하기 좋은 곳 소개 받기	세부 내용 듣기
	2	여행하다 잃어버린 물건 찾기	맞는 반응 고르기
	3	친구의 여행이야기 듣기	화자의 태도 파악하기
	4	전화로 숙박시설 예약하기	예약 가능성 추측하기
	5	문화 유적지 소개하는 방송 듣기	이어질 내용 추론하기
듣기 후 활동	1	문법, 어휘, 표현, 발음, 성조 점검	언어 학습
	2	여행지 추천하기, 추천받기	역할극하기
	3	여행사의 안내 책자나 인터넷 읽기	읽기
	4	특정 지역 여행 시의 주의사항 소개하기	소개하기

(3) 듣기 수업 [고급]

① 단원의 주제 : 도시, 생활, 변화

② 단계별 과제 활동(선택적 수행)

단 계	번호	과제 내용	과제 수행 활동
듣기 전 활동	1	현대 사회 도시들의 모습 묘사하기	맞는 묘사 표시하기
	2	과거와 다른 도시의 변화 모습 이해하기	그림 분류하기
	3	변화의 긍정적인/부정적인 면 생각해 보기	메모하기
듣기 활동	1	친구가 살고 있는 집이 편안한지 듣기	요점과 이유 듣기
	2	변화된 고향의 모습에 대한 이야기 듣기	화자의 찬반 태도 파악하기
	3	도심 교통 문제에 대한 친구의 의견 듣기	이어질 반응 고르기
	4	도심 녹지 조성에 대한 TV 토론 듣기	이어질 내용 추론 하기
듣기 후 활동	1	문법, 어휘, 표현, 발음, 성조 점검	언어 학습
	2	현대 도시 생활의 장단점 이야기하기	표 완성하기
	3	도심의 교통/환경 문제 해결하기	의견 수집하기 (읽기/토의/메모)

위의 표는 모두 듣기만을 위한 수업이 별도로 제공되는 경우에 활용되는 것이다. 다음 통합 활동에서 듣기 활동이 어떻게 구안되는지를 보이기로 한다.

(4) 통합 활동 속의 듣기 [초급]

① 단원의 주제 : 외모, 옷차림, 물건의 모양

② 학습 영역별 과제 활동(선택적 수행)

학습 영역	번호	과제 내용	과제 수행 활동
제시와 연습 [어휘(색)]	1	어울리는/좋아하는 옷 색깔 이야기 하기	이야기하기
제시와 연습 [어휘(옷차림)]	2	상황에 맞는 옷차림 조언하기	표 완성하기
제시와 연습 [문법(수식어)]	3	그림 보고 물건/사람 묘사하기	선 긋기/묘사하기
제시와 연습 [문법(접속사)]	4	친구 찾기	친구들의 옷차림 보고 묘사하기
활용[말하기]	1	어울리는 옷 추천하기	역할극하기
활용[말하기]	2	잃어버린 물건 찾기	역할극하기
활용[듣기]	3	파티에서 인상착의 설명 듣고 사람 찾기	선 긋기
활용[읽기]	4	잃어버린 아이 찾는 우유곽 광고문 읽기	답하기
활용[쓰기]	5	잃어버린 물건 찾는 게시물 작성하기	글쓰기

(5) 통합 활동 속의 듣기 [중급]

① 단원의 주제 : 환경오염

② 학습 영역별 과제 활동(선택적 수행)

학습 영역	번호	과제 내용	과제 수행 활동
제시와 연습 [주제 관련어휘]	1	설문지 작성하기	응답하기
제시와 연습 [문법(피동사)]	3	오염 현장 보도 사진 보고 묘사하기	묘사하기
제시와 연습 [담화표지]	4	의견 개진을 위한 구어 담화표지 학습	삽입하기
활용[말하기]	1	환경보전 방법과 효과 이야기하기	사진 보고 이야기 하기
활용[말하기]	2	오염 현장 사진 보고 대책 마련하기	문제 해결하기
활용[듣기]	3	녹색 운동 단체를 취재한 방송 듣기	세부 내용 듣기
활용[듣기]	4	이웃에게서 방법 듣기	요점 듣기
활용[읽기]	5	재활용, 중고물건 판매 광고문 읽기	생활 정보지 정보 수집
활용[읽기]	6	외국인 중고물건 거래 장터 소개 기사	세부 내용 파악하기
활용[쓰기]	7	자신의 중고품 판매 광고문 작성 하기	글쓰기

5. 듣기 활동의 유형

상향식 듣기 활동

교실에서 듣기 활동은 듣고 무엇을 실행하는가에 따라서 듣고 반복하기, 반응하기, 선택하기, 이해하기, 토론하기 등의 상호반응을 하며 다양하게 분류할 수 있다. 그러나 듣고 정보를 어떻게 이해하여 활동하는가에 따라 상향식 처리 과정과 하향식 처리 과정의 활동으로 구분할 수 있다. 상향적 듣기 활동과 하향적 듣기 방법은 모두 자료를 듣고 정보를 처리하는 과정이지만, 무엇에 초점을 두고 어떤 목적으로 활동하는가에 따라 다르게 반응하는 활동 전략이다.

상향식 처리과정은 소리, 단어, 성조, 문법 구조 등의 구어 요소에 맞추어 이해하는 활동이다. 전통적인 방식으로 음을 식별하고, 문장을 듣고 이해하는 연습을 하고, 문장을 듣고 의미를 기억하기 위해 구두 연습과 문답 연습을 한다. 그리고 간단한 문장에서 긴 문장으로 확대해 연습한다. 또한 간단한 텍스트를 듣고서 받아쓰거나, 반복하여 말하기 연습을 하는 활동, 문법이나 표현을 파악한다. 이처럼 발음, 성조, 어휘, 문법에 초점을 둔 문장 단위의 상향적인 듣기 활동이다.

활동 목표	반응 활동
음 구별하기 성조 익히기 어휘 구별하기 한어병음 익히기 문법, 표현 학습하기 내용 이해하기	듣고 고르기 듣고 받아쓰기 듣고 따라하기 듣고 받아쓰기 맞는 그림 찾기 듣고 행동하기/ 듣고 채우기

하향식 듣기 활동

하향식 처리과정은 청자의 사전 지식으로부터 시작하여 텍스트로 이동한다. 그리하여 학습자가 배경 지식을 활용하여 텍스트의 의미를 추론하고 내용을 전체적으로 이해하는 활동이다. 하향식 듣기 활동은 담화 내용의 자료로 구성된다. 실제적인 과제와 교육적인 과제로 구성하여 내용을 이해하는 데 초점을 둔 듣기 활동이다. 하향식 듣기 활동은 담화 내용의 자료를 중심으로 하기 때문에 담화 유형에 따라 분류하는 것이 어렵다. 일상적인 듣기 자료, 교육 목적의 듣기 자료로 구분하면 다음과 같다.

활동 목표	반응 활동
<실생활 대화 듣고 정보 파악하기> • 각종 전화 예약 내용 듣고 이해하기 • 식당 음식 주문 내용 듣고 이해하기 • 약속, 초대, 물건 구매 등 대화 이해하기 <방송 듣고 정보 파악하기> • 항공, 지하철, 날씨 등 방송 듣고 행동하기 • 라디오, TV 뉴스 듣고 이해하기 • 드라마, 영화, 광고 등 듣고 이해하기 • 대담, 좌담 듣고 이해하기 <강연, 발표 듣고 파악하기>	듣고 고르기 듣고 문답기 듣고 논평하기 듣고 받아쓰기 맞는 그림 찾기 듣고 행동하기/ 듣고 채우기 듣고 요약하기 듣고 메모하기 듣고 토론하기

이 외에도 담화 차원 과제 수행에서 듣기 수업에 활용될 수 있는 유용한 활동 유형은 다음과 같다.

○ 행동으로 표현하기

○ 내용과 일치하는 그림 고르기

○ 지도에 표시하기

○ 해당 위치에 그림 그리기

○ 그림 순서대로 나열하기/번호 매기기

○ 관련 있는 것끼리 선으로 연결시키기

○ 핵심 어휘 듣기/실마리 찾기

○ 중심 생각 이해하기

○ 들은 내용이 전체 담화의 어느 부분(서론, 본론, 결론 등)에 해당하는지 파악하기

○ 부연되거나 지지하는 생각이나 의견의 근거 듣기

○ 중심 생각 파악하기

○ 예시 파악하기

○ 이유 파악하기

○ 두 사람의 대화를 듣고 이후의 사건이나 변화를 추측하기

○ 들은 내용 다음에 이어질 내용, 결과 등을 추론하기

○ 문제 해결하기

○ 각자 다른 정보를 듣고 의견 종합하기

○ 강의 주제에 대한 개괄적인 정보 제시받기

○ 강의 듣고 관련 텍스트를 읽어 가면서 빠진 정보 보충하기

○ 들은 의견을 토대로 각자 자신의 의견을 주장하고 의견 수렴하기

제4장

중국어 말하기 교육

▌ 교사는 중국어 말하기 교육에 관한 기본 원칙을 숙지하고 있어야 함은 물론이고 중국어 말하기를 가르칠 때에 학습자에게 중국어 말하기에 관한 지식을 전달해 줄 수 있는 능력과 기법을 갖추고 있어야 한다.

• 기본 원칙

① 의사소통 능력 양성을 목표로 하여 학생들에 대한 말하기 지도를 효과적으로 수행해 나간다.
② 말하기 연습을 많이 시킴으로써 학생들이 입을 열어 말할 수 있는 기회를 늘려 나간다.
③ 학습자의 일상생활에 근접하는 말하기 교수 내용과 커뮤니케이션 과제를 개발하여 말하기의 실용적인 특성을 살려낸다.
④ 말하기의 유창함과 정확함을 함께 연습시킨다.
⑤ 말하기 교육에 기계적인 반복 연습과 실제 대화를 결합시킨다.

• 기본 능력

① 강의의 필요에 따라 언어 형식과 언어 기능이 결합된 말하기 과제와 연습을 개발해 낼 수 있어야 한다.
② 학습자마다 다를 가능성이 있는 학습 목적과 중국어 수준 및 교수 환경에 잘 맞추어 그때그때에 적합하고도 다양한 형식의 교수법과 방안을 운용할 수 있어야 한다.
③ 그룹 토론 같은 적절한 활동을 강의 중에 배치하여 학생들이 최대한으로 중국어를 많이 사용할 수 있도록 지도해야 한다.
④ 여러 가지 형식이 말하기 활동을 고안하는 한편 학생들이 그 활동에 적극적으로 참여할 수 있도록 이끌어 낼 수 있어야 한다.
⑤ 말하기 기능이 다른 언어적 기능과 가지는 상관관계에 대해 이해하고 그 다른 언어적 기능과 말하기 기능을 결합하여 연습시킬 수 있어야 한다.
⑥ 교수 환경에 맞게 말하기 시험과 평가를 개발할 수 있어야 한다.

1. 말하기 교육의 중요성

의사소통은 언어적·비언어적 요소를 통해 이루어진다. 언어적 의사소통은 음성 언어와 문자 언어를 통해서 이루어지며, 음성 언어 의사소통은 언어적 메시지와 비언어적 메시지와 함께 의사소통의 도구로 사용한다.

외국어 교육에서 언어 교육은 언어 기능에 따라 말하기, 듣기, 읽기, 쓰기로 분류하기도 하며, 표현 영역과 이해 영역에 따라 분류하기도 한다. 말하기는 음성 언어로 표현하는 표현 영역이며, 언어와 비언어적인 도구를 사용하여 자신의 생각, 감정, 정보 등을 표현하는 기능이다. 인간에게 가장 널리 사용되는 음성 언어를 통한 의사소통이 실제 생활 속에서 듣기 45%, 말하기 30%, 읽기 16%, 쓰기 9% 차지한다고 한다. 결국 말하기와 듣기가 우리 생활의 대부분을 차지한다는 것을 알 수 있다. 중국어를 배우는 학습자들은 중국어 생활권에서 생활하려는 목적, 중국어를 통해 생각을 주고받고자 하는 목적 등 다양한 필요에 의해 중국어를 학습한다. 이러한 목적을 달성하기 위해 중국어로 자신의 생각을 표현하는 능력이 필수적이다. 또한 학습자가 언어 능력을 말하기 능력으로 측정하는 경우가 많아서 언어 학습의 동기부여하는 도구가 되기도 한다.

2. 말하기 수업의 내용과 교육

1) 말하기의 내용

읽기와 듣기는 수동적인(receptive) 기능인 반면에 말하기와 쓰기는 생산적인(productive) 기능이다. 생산적인 기능은 수동적인 기능과 달리 좀더 정확한 문법과 통사적인 지식을 필요로 한다. 다시 말해 학습자들이 읽기나 듣기를 할 때는 문법의 구조나 통사적인 요소보다는 의미에 초점을 두게 되고, 말하기나 쓰기를 할 때는 중국인들과의 성공적인 의사소통을 위해서 더 정확한 형태적이고 문법구조적인 지식을 필요로 하게 된다. 학습자들이 중국어를 말하기 위해서는 학습자의 능력보다 높은 수준의 언어자료가 학습자에게 입력되어야 중국어를 습득할 수 있다. 그러나 많은 연구들이 비판했듯이 언어자료의 입력만 가지고 말하기를 통한 언어가 출력(output)되는 것은 아니다. 말하기라는 생산적인 기능을 수행하기 위해서는 발음, 성조, 문법, 문맥의 구조, 사회언어학적인 지식 등이 필요하고, 이런 다양한 요소들을 통합하여 언어가 발화되는 것이다.

말하기 지도의 학습의 목표는 의사소통을 할 수 있게 하는 데 있다. 사람은 말을 통하여 자기의 생각이나 감정을 타인에게 전달하고 말을 통하여 타인의 생각이나 감정을 수용하면서 생활에 필요한 정보를 서로 교환하고 서로 간의 이해를 증진시킨다. 따라서 말하기 능력이란 의사소통을 할 수 있는 능력, 즉 생각과 감정을 상호작용을 통해 학습자가 중국인과 중국어로 자연스럽게 상황에 맞게 문법적인 문장을 유창하게 표현할 수 있는 능력을 의미한다. 말하기 학습 내용은 학생들의 의사소통 능력을 신장시킬 수 있도록 실제 생활과 연결되는 언어 경험이라 할 것이다. 교실 수업에서 학생들에게 제공하는 언어 경험은 교실 밖에서의 경험과 매우 유사한 경험이어야 한다. 이렇게 해야 학생들의 언어 발달에 기여할 수 있다. 또 말하기 수업에서는 학생들의 적극성이 무엇보다도 중요한 영향을 미친다. 학생들의 자발적인 참여를 유도해야 하고, 수업내용을 계획할 때도 학생들이 흥미를 느끼고 적극적으로 참여할 수 있는 조건을 마련해 주어야 한다.

학생들에게 말할 기회를 많이 주는 것이 가장 바람직한 말하기 지도 방법이라 할 수 있다. 말할 기회를 많이 제공하기 위해서는 교사가 다양한 방법을 고안해야 한다. 이러한 말하기 지도 방법은 학생들에 대한 교사의 배려가 얼마나 세심하느냐에 따라 달라진다. 상황 중심으로 말하기를 지도하면 학생들에게 말할 기회를 많이 줄 수 있고, 배운 것을 바탕으로 스스로 새로운 표현을 찾도록 유도할 수도 있다. 학생들을 유능한 중국어 화자로 만들기 위해서는 상황에 대한 적응력을 키우는 것이 매우 효과적이다.

교실에서 이루어지는 말하기 활동으로는 발음, 어휘, 문법 등의 형태적 측면에 집중하면서 들은 말을 따라 하기, 언어 체계에 대한 지식을 강화하기 위하여 다양한 문법연습을 하면서 그 언어로 문장을 만들어 말하기, 정해진 틀 안에서 하는 말하기, 현실 세계에서의 말하기 목적을 충족시키기 위한 의사소통적 말하기 등이 있다. 다시 말해 말하기란 자신이 알고 있는 정보, 생각, 감정 등을 음성적 상징들을 사용하여 다른 사람에게 체계적이고 효과적으로 표현하는 지적 활동으로, 논리적이고 비판적인 사고 기술과 문제해결 능력을 기르는 것을 목표로 한다.

중국어를 지도하는데 있어서 가장 중요한 점은 말하고 싶은 동기를 부여하고 말하는 즐거움을 인지시켜야 한다. 올바른 의사소통을 할 수 있도록 어휘력을 확장시켜 줄 수 있는 방법을 길러 주어야 하며, 자신의 생각이나 감정을 적절하게 표현할 수 있는 능력을 교육시켜 주어야 한다. 말하기는 자신의 문제를 타인과 의논하거나 정보를 얻음으로써 해결하는데 있다. 자신의 생각이나 감정을 말할 때와 자신의 문제 해결에 필요한 도움에 대해 말할 때 등 요구와 의견을 말하는 화법 등을 적절히 활용할 수 있도록 교육시켜야 한다.

요컨대 말하기 교육의 목표는 첫째 표현에 필요한 언어적 요소를 최대한 많이 습득하도록 해야 하며, 둘째 반복연습을 통하여 숙련되도록 해야 하고, 셋째 학생들이 쉽게 입을 열고 명확하게 말을 할 수 있도록 만들어야 한다.

2) 화자의 역할

구어의 특성을 전제로 말하기 과정에서 무엇을 어떻게 활동해야 하는지를 생각해 보자. 대화에는 화자와 청자는 분명하게 시간적 제약과 기억의 제약을 받는다. 글을 쓰는 이는 자신이 전하고자 하는 것을 100% 문장으로 나타내기 위해 자유자재로 시간을 들여 자신의 생각을 쓸 수 있다. 다시 말해 계획한 것이 가능하고 자신이 쓰고 있는 것이 눈 앞에 있으므로 기억할 필요가 없다. 읽기도 역시 가능하며 이해가 안되면 몇 번이고 왕복하며 읽을 수 있다. 그렇다면 말하기의 경우는 어떠한가? 정보 처리라는 관점에서 보면, 이전 이야기의 기억 위에서 한정된 시간 내에 무엇을 어떻게 말할지 생각하면서 동시에 이것들을 순간적으로 음성의 형태로 표현한다. 대화는 화자와 청자가 서로 협력하여 만들어가는 것이므로 청자의 반응을 확인하면서 수용해야 한다. 반응을 보면서 자신이 말한 내용을 수정하거나 혹은 청자가 수정해 주거나 대화 도중에 끼어들기도 한다. 이러한 구어의 산출 과정은 개념화, 언어화, 발음화 과정으로 파악된다. 즉 구어의 산출은 말하는 내용을 창조하는 것(개념화), 그것을 언어의 형태로 전환하는 것(언어화), 다시 해당 언어에서 음성으로 연속 표출하는 것(발음화)의 세 영역을 가진다는 것이다. 게다가 이 영역은 대화 상대의 반응에 적합한지 아닌지 상호 관련시키면서 최종적인 발화를 만들어 낸다. 개념화 영역에서는 중국어로 생각하는 것은 문화와 밀접하게 관련되어 있는 스키마나 중국어를 배우며 습득한 6장의 문화 장르지식을 들 수 있다. 한편 언어화와 발음화 영역은 중국어 화자에게 있어 크게 문제가 되는 영역이다. 중국어에는 그 언어의 고유의 규칙이 있기 때문이다. 따라서 언어 학습의 초기 단계에서는 이 두 영역에서의 제약이 크다. 즉 말하고 싶은 것(개념화)과 말할 수 있는 것(언어화, 발음화) 사이의 격차가 그것이다. 이것은 무엇을 의미할까? 중국어를 학습하는 사람이 정확성, 유창성이라는 점에서 상황의 영향을 받기 쉽다는 것이다. 즉 화제나 담화 영역에 정통해 있다면 말하기가 용이해진다. 개념화에 들일 힘을 다른 두 영역, 즉 언어화와 발음화에 충당할 수 있으므로 결과적으로 언어 면에서의 정확성과 유창성은 증가되는 것이다. 이것이 개념화의 영역과 언어화·발음화의 영역 사이에 보상 관계가 작용하고 있다는 증거이다. 이는 중국어 학습자가 일반적으로 언어화·발음화 영역이 당연히 중국인보다 부족하므로, 개념화 영역을 통해 언어화·발음화에 충분한 시간과 노력을 투자해야 한다.

3) 말하기 연습

구어의 특징과 화자의 역할에서 언급한 바와 같이 일상 대화에서 화자는 그렇게 어려운 문법이나 풍부한 어휘는 요구되지 않는다. 언어 영역에서 필요한 것은 한정된 쉬운 문법과 한정된 수의 어휘이다. 예를 들면 화자는 종속절을 수반하는 복문과 같은 문법 구조를 가진 문장을 거의 사용하지 않는다. 반대로 구나 절을 순차적으로 배열하거나 휴지나, 억양을 적절히 사용하거나 대화의 문맥을 활용하거나 대화자와 협력하며 문장을 완성해간다. 또한 언어에서의 문제는 내용이나 문맥에서 보충할 수 있다. 이러한 관점에서 보면 대화를 가능하게 하기 위해서는 어느 정도 문법이나 어휘 학습을 마친 단계에서, 이를 바탕으로 대화 학습을 시작해야 한다.

교사와 학습자의 상호작용은 교실 담화의 전형이라고 말하는 I(initiation:개시)-R(response:반응)-E(evaluation:평가), 즉 교사가 담화를 시작하고, 그것에 대해 학생이 그대로 반복하거나 단문으로 답하고 그 답을 교사가 평가하는 담화 과정으로는 말하기 능력을 키우기 어렵다. 어떤 학생은 교실에서는 말하고 들을 수 있지만, 교실 밖에서는 도저히 알아들을 수 없다고 말하기도 한다. 그 원인 중의 하나는 교실에서의 말하기 수업이 교사와 IRE 유형으로만 수업을 하기 때문인 것이다. 교실 밖에서 중국어를 사용해 의미 있는 상호작용을 실현시킬 수 있는 능력을 키우려고 한다면 다양한 연습이 필요하다. 의미 있는 대화를 나눌 수 있는 능력은 문법 지식만으로는 이루어지는 것이 아니다. 적절한 상황에서 말할 수 있는 능력, 그리고 말하고 싶은 것을 효과적으로 전달할 수 있는 능력도 문법지식 못지않게 중요하다. 이것이 앞에서 언급한 구어의 특징에 해당된다. 따라서 습득한 문형이나 어휘량이 적으면 적은 대로 그것을 바탕으로 어떻게든 상대방과 의미 있는 의사소통을 할 것인지 생각하고 대화하는 학습이 중시되어야 한다. 즉 학습 초기 단계부터 문법이나 어휘학습과 병행하여 말하는 것을 학습하는 방식으로 연습해야 할 것이다.

3. 말하기 수업의 구성 원리

1) 말하기의 특성을 반영한 수업 구성

말하기는 음성 언어를 통한 의사소통 수단으로 화자와 청자 사이의 상호작용 속에서 이루어진다. 실제 시간에 의미를 전달하고 이해해야 한다는 즉각성으로 인해 다음과 같은 특성을 갖는다.

첫째, 말하기에는 축약, 생략, 비문법적인 형태들이 빈번히 사용된다. 문자는 모든 단어가 정확하게 나열되지만 말할 때는 구 혹은 절을 단위로 적합하게 단어를 합치며, 통사론적, 화용론적 축소를 하여 축약된 형태를 사용되거나 생략하기도 한다.

둘째, 시간적인 제약으로 주고받는 대화가 주저하여 끊기거나, 말을 잘못해서 다시 말하는 등 언어 활동에서 발생하는 오류, 수정이 그대로 상대방에게 전달된다.

셋째, 구어는 일반적인 어휘와 구체적인 표현, 단순한 문장 구조로 되어있어 문어에 비하여 정보의 전달이 상대적으로 낮다.

넷째, 구어는 속어나 관용어 등 사회문화적 어휘나 표현을 많이 사용한다.

다섯째, 구어는 언어 활동에서 간접적인 표현이나 대화상의 함축적인 표현이 자주 등장하여 화자와 청자의 관계에 영향을 미친다.

2) 의사소통 능력 향상을 위한 수업 구성

의사소통 능력을 기르기 위한 중국어 말하기 교육은 언어의 형태보다는 의미와 기능에 우선하여야 하며, 다음과 같은 원칙 하에서 이루어져야 한다.

(1) 유창성과 담화 능력

의사소통은 자연스럽게 의미를 전달할 수 있도록 유창성과 올바른 의사 전달을 위해서 또렷하게 발음하며, 문법적이나 음운적으로 문제 없도록 정확성을 지도 한다. 정확성에 초점을 두어 문법 규칙을 강조하고 반복과 암기를 통해 많은 문형연습을 해야한다. 그리고 유창하게 실질적인 의사를 전달할 수 있도록 자연스럽게 중국어 말하기를 유도한다. 중국어 교수자는 초급 단계에서 문법을 명확하게 가르쳐야 하며 이것은 의사소통 수단을 통해서 이루어져야 한다. 문법 규칙과 형태에 초점을 둔 말하기 활동은 문장 차원의 생성을 유도할 수 있으나 담화능력을 키우기에는 부족하다. 그러나 '기능'에 기본을 두고 '형태'를 함께 고려하여 의미의 전달과 이해에 초점을 둔 담화차원의 말하기 교육을 하면, 담화 상황 속에서 의사소통을 수행할 수 있도록 할 것이다.

(2) 듣기와 말하기 기능의 연계

의사소통은 일방적인 전달이 아니라 상호적인 교류 속에서 이루어진다. 듣기와 말하기 기능의 연계된 활동을 통해 말하기 교육과 듣기 교육이 통합될 수 있도록 자료를 제공해야 한다. 학습 활동도 대화자의 말을 듣지 않고도 응답을 할 수 있는 기계적인 단계에서 벗어나, 상대의 말을 인지하고 반응하는 활동이 되어야 한다. 목표 문법이나 표현을 적절한 상황에서의 대화문으로 제시하는 것은 이를 고려한 바람직한 방법이다.

(3) 학습자의 활동 유도

교사는 학습자에게 동기 부여를 통해 말하기를 격려하고 실수를 두려워하지 않게 한다. 학습자가 학습 동기가 없고, 자신감이 부족하며 불안할 때는 언어 습득을 방해하며, 학습자가 자신을 그룹의 일원으로 생각하고 메시지에 몰두했을 때는 언어를 익히는 데 도움이 된다. 교사의 역할은 단순히 언어적 정보를 주는 것이 아니라, 학습자가 학습 내용을 두려움 없이 수용하도록 흥미로운 주제를 선정하여 동기부여를 해야 한다. 적극적인 학습자 활동은 학습자 스스로 다양한 학습 전략과 발화 전략을 개발하고 이용할 수 있도록 유도하는 것을 포함한다.

(4) 문맥을 통한 발음 지도

말하기 교육에서 발음 지도는 중요한 요소이다. 중국어와 학습자의 모국어 대비를 통해 중국어와 다른 분포를 보이는 소리, 성조 등을 선별하고 교육 내용을 결정한다. 그러나 발음 지도는 개별적인 음에 치우치지 않고 '발음하는 방법', '음을 대조해서 듣고 평가하기',

'문맥 속에서 연습하기' 등을 통해서 다양한 유의미적인 연습 기회를 제공한다. 긴 문장을 말할 때 밀접한 어휘와 구를 함께 연결시키고 적절하게 호흡하는 방법도 포함해야 한다.

(5) 과제 중심의 수업 구성

말하기 교육이 문법적인 문장을 생성하는 것에서 탈피하여, 특정한 상황에서 언어를 적절하게 사용할 수 있도록 하기 위해서는 '과제' 중심의 수업을 구성해야 한다. 과제 중심의 말하기 수업은 문제 해결 능력을 기르고 교실 밖에서의 언어 수행력을 높인다. 주어진 과제(실제 상황) 속에서 학습자 스스로 역할을 수행해 나가는 가운데 학습자는 상호작용 기술을 습득하고 발전하게 될 것이므로 학습 단계와 세부 목적에 따라 교육적인 과제와 실생활적인 과제를 적절하게 활용하는 것이 바람직하다.

4. 말하기 수업 활동

의사소통 전 활동에서는 의사소통을 위한 준비 단계로서 구문, 기능, 구체적 의미, 사회적인 문맥에 있어서 수용할 만한 언어를 사용하도록 지도한다. 의사소통 활동은 언어를 의사소통에 사용하면서 자연스럽게 익히기 위한 과제 중심의 수업이다. 중국어 말하기 교육이 문법이나 구조 중심의 교육에서 벗어나 특정한 맥락이나 상황에서의 의사소통 능력 배양을 목표로 할 때, 교실 내의 말하기 활동은 중국어 환경에서 실현될 가능성이 높은 과제를 수행하는 것에 중점을 두어야 한다. 과제 수행 중심의 말하기 교육은 연습 활동(Activity)과 과제 활동(Task)의 체계적인 연결을 통해 유도되어야 하는데, 이를 위해 교사 중심의 통제된 활동에서 학습자 중심의 자유로운 활동으로 전환해 가며, 정확성에 기초한 연습 활동에서 유창성을 위한 실제적인 과제 활동으로 전환하는 것이 바람직하다.

1) 교실에서 상호 대응 유형

전통적인 말하기 교육에서는 교사가 학습자를 대상으로 일방적인 교육 내용을 전달하여 이루어졌다. 그러나 학습자 중심의 교육에서는 교사와 학습자, 학습자간의 다양한 상호작용이 적절하게 이루어져야 하며, 이에 따라 다양한 연습 활동을 고안하게 된다. 교실 내의 상호대응은 교사의 통제로 이루어지는지, 학습자의 통제로 이루어지는지, 정확성에 기초하는지, 유창성에 기초하는지에 따라 다양한 모형으로 나타난다.

교사의 주도로 전체 학급을 대상으로 토론, 시뮬레이션, 의사소통을 위한 과제 활동을 하고, 학습자는 그룹으로 역할극, 프로젝트 작업, 의사소통을 위한 과제 활동을 할 수 있다. 교실 내의 연습 형태는 '교사 - 학생 개개인, 교사 - 소 그룹, 교사 - 대 그룹, 학생 - 학생(짝 활동), 학생 - 소 그룹(그룹 활동), 학생 - 대 그룹(그룹 활동), 학생 - 전체 학급(발표)'등 다양한 활동을 만들 수 있다.

2) 연습 활동

연습 활동은 과제 활동을 위한 단편적인 활동들이며, 단순한 연습에서 복잡하고 통합적인 연습 형태로 발전하여 뒤에 따르는 과제 활동을 무리 없이 이끌 수 있도록 해야 한다. 연습 활동은 반복과 암기가 포함될 수 있으나 특정한 상황 속에서의 의미가 있는 활동으로 제시되어야 한다. 교실 내의 연습 활동 중 대표적인 몇몇 유형을 들면 다음과 같다.

(1) 문형 중심의 연습

청각구두식 교수법과 같은 고전적인 수업 방식과 연관된 연습 형태들이다. 책, 테이프 등 만들어진 연습 자료들을 사용하여 교사는 시범을 보이고, 언어적으로 맞는 입력(input)을 제공한다. 이를 바탕으로 학습자는 연습하고, 교사의 정리·강화를 통해 학습이 지속된다. 반복, 질문하고 대답하기, 문장 완성하기, 전환하기(어휘 활용 연습) 등이 해당한다. 반복적인 문형 연습이라도 의미가 담긴 상황을 함께 제시하여 형태가 아닌 의미에 초점을 맞추도록 하는 것이 바람직하다. 이를 위해서는 질문에 대해 주어진 정보만이 아니라 자신의 정보를 적절하게 사용하여 답하도록 하며 문장 단위의 제시보다는 대화나 상황이 있는 담화 제시가 바람직하다. 초급부터 고급까지 말하기 수업의 일부 활동으로 목적에 따라 활용할 수 있다.

문장 완성하기 예를 들면 다음과 같이 교사가 문장을 제시하고 학생이 문장을 완성하도록 할 수 있다. 이렇게 학생들에게 언어 핵심에 대해 충분히 이해를 한 기초 위에서 의사소통을 원만하게 할 수 있으며, 학생들의 표현능력도 신장시킬 수 있다.

① A : 学生有事不能上课, 应该向老师请假.
B : ( )(假如)
⇨ 假如学生有事不能上课, 应该向老师请假.

② 年轻人不懂老年人的想法, ( ), 所以经常有矛盾.(反过来)
⇨ 反过来嫌老人烦

③ 大家不要忘记我的名字, 我叫( ). 在我们班数我( ). 眼看( ), 真舍不得( ). 我有一肚子话要说, 可是一下子( ). 我希望( ).
⇨ 请大家不要忘记我的名字, 我叫(明明), 在我们班数我(学习最好), 眼看(学习就要结束了), 真舍不得(和大家分手). 我有一肚子话要说, 可是一下子(又都说不出来). 我希望(大家还能再见面).

(2) 인터뷰하기

목표로 하는 문법이나 표현을 사용하여 상대방을 인터뷰하고 필요한 정보를 얻는 활동이다. 학습자는 대부분 목표로 하는 표현을 반복적으로 사용하여 활동하게 되지만, 최종적인 목표는 정보 파악에 있으므로 의미가 담긴 상황 속에서 발화하게 된다. 인터뷰 활동은 말하기와 듣기의 유기적인 결합으로서 단순한 연습 형태로 사용할 수도 있고, 학습된 몇 가지 요소를 결합하고 역할을 부여하면 과제 활동으로 확장할 수도 있다. 또한 하나의 프로젝트를 위한 일부분 활동으로 사용되기도 한다. 개인의 신상 정보나 경험, 생각 등을 파악하거나 알고 있는 정보를 얻는 인터뷰 활동들이 이에 해당된다. 학생들 사이에 서로 묻고 대답하는 방법으로 인터뷰를 진행한다. 예를 들면

① A : 我们明天想出去参观, 去哪儿好呢?
B : 依我看, 还是去天坛公园好.
C : ----------

② A : 哪个餐厅的菜又好吃又便宜?
B : 我说呀, 还是----------
C : 还是友谊餐厅的菜又好吃又便宜.

③ A : 大家都准备毕业考试, 你怎么办?
B : 别人都准备毕业考试我不管, 反正我不及格.

인터뷰 진행자가 질문하면 학생들이 자유롭게 자신의 생각을 발표해도 되고, 또는 학생들 간에 서로 짝을 이루어 인터뷰 훈련을 실시할 수 있다.

(3) 정보 결함 활동(Information Gap Activity)

짝 활동으로 A만 알고 있는 내용을 B에게 전달하거나 서로가 가진 정보를 교환하는 활동이다. 정보 결함 활동은 상대방만이 알고 있는 것을 대화를 통해 알아내야 한다는 점에서 실생활의 의사소통과 유사하므로 흥미와 동기를 유발한다. 활동 이전에 목표 표현이나 활동 내용을 명확하게 제시하여야 한다. '타인이 가지고 있는 주변 건물의 위치에 대한 정보를 알아보고 지도 완성하기, 여행사에 전화 걸어 정보 알아보기' 등이 이에 해당된다. 예를 들면 자신이 알고 있는 상황이나 환경, 경험 등 정보를 다른 사람에게 소개한다. 如果你住在宿舍, 怎么布置房间? 如果你在教室, 世界地图挂在哪儿? 举例说明你们国家有些地方在同一季节里气候不同的情况? 등이다. 또는 교사가 이미 학습한 내용에 근거하여 학생들에게 자신의 경험을 말하게 할 수도 있다. 예를들면 你给我们介绍一下对景福宫的印象怎么样?이다.

(4) 문제 해결 활동

문제 해결 활동은 주로 그룹 활동으로 진행된다. 가상의 상황과 조건이 주어지고 문제를 풀기 위한 정보가 주어진다. 그룹 구성원들은 논리적인 사고력을 동원하여 주어진 문제를 해결해 간다. 특정한 문법이나 표현을 반복 사용하는 연습 활동으로 유도할 수도 있으며, 실제적인 상황 속에서 과제 형태로 확장할 수도 있다. '특별한 여행에서 필요한 물건 목록 작성하기, 환경 문제 해결을 위한 방안 찾기' 등이 이에 해당된다.

(5) 역할극(Role Play)

실생활에서의 말하기 활동은 특정한 상황에서 상대방과의 상호작용을 통해 이루어진다. 역할극은 다양한 상황을 미리 접해 보고 그 상황에서 맡게 될 역할을 담당하여 적절한 발화를 연습해 보는 활동이다. 그러므로 실제로 적용 가능한 상황과 표현으로 연습해야 하며, 학습자는 창조적이고 즉흥적인 활동으로 연습에 임하게 된다. 역할극을 통해 물건 사기, 약속하기, 소개하기, 주문하기 등의 활동을 연습할 수 있다. 다음과 같이 역할극을 할 수 있다.

<역할극1>

① 교사는 하나의 고사를 생각하고 2~3번 생각한 이후, 학생들로 하여금 이 고사를 연출하게 하며 교사는 옆에서 지도한다.

② 역할극은 장면이 작고, 동작성은 강한 내용을 선택해야 한다. 그리고 사전에 간단한 도구를 준비하여 내용에 근거해 여러 명의 학생이 연출하면 좋다. 이러한 연습은 결혼식, 좌석양보, 음주 등 실제적 회화 단계에서 사용될 수 있다. 예를 들면 다음 내용은 네 명의 학생이 연출한 역할극이다.

师 : 有一个人喝醉了, 在一楼的门口儿出来进去好几次, 他觉得自己的家在这儿又好像不对. 这时候, 一个警察跟他一起进去了. 他们来到一个房间的门口儿, 醉汉拿出钥匙, 开了几下儿, 门就开了. 他请警察进屋介绍道 : "您看, 这是厨房, 这是厕所, 这是卧室." 他打开卧室的门, 开开灯, 见双人床上睡着一对夫妻, 就向警察介绍道 : "您看, 那女的是我妻子, 旁边儿那个男的就是我."

<역할극2>

다음 단어와 문형을 활용해 택배회사 직원과 고객 두 사람의 대화를 만들어 두 명의 학생이 연출한 역할극이다.

① 교사가 다음과 같은 단어나 관용구 문형을 제시해준다.

取 价格 本市 肯定 小心 地址 大概 外地 发 联系方式
越~越~ 要是~的话

② 학생들은 서로 짝을 지어 다음과 같은 대화문을 만든다.

A : 你好！天天快递公司.
B : 你好！我有几本书想发快递, 能派人来取一下吗?
A : 好, 请说一下您的地址.
B : 我这里是红色公寓, 10号楼, 202号.
A : 您的联系方式?
B : 我的手机是010-2345-6798.
A : 好, 我们马上派人过去.
B : 价格大概多少钱?
A : 您要送到哪里? 本市8000元韩币, 外地32000元韩币.
B : 本市, 就送到韩国大学. 这些书是我托一个朋友从国外高价买来的, 国内买不到, 会不会路上弄丢了呢?
A : 我们会很小心, 肯定不会有什么问题的.
B : 好的, 价格不成问题, 我希望越快越好.
A : 要是您需要更快的服务的话, 就用特快专递吧
B : 那好吧, 用特快专递的话, 多长时间能送到?
A : 一个小时以内就能到.

(6) 발표하기

전체 학습자를 대상으로 미리 준비된 특정한 내용을 전달하는 발표로서 개인적인 사항에 대한 것부터 특정한 조사 내용에 이르기까지 다양하게 사용할 수 있다. 특히 읽기나 쓰기 등의 다른 언어 기능과 자주 연결하여 이루어진다. 발표 내용에 대해 동료들의 피드백이나 평가를 유도하여 학습자 또한 적극적인 참여자로 유도하고 상호 작용이 일어나도록 한다. 다시 말해 학습자들의 평가를 통해 학습자를 참여시키는 방법은 교사가 미리 준비한 평가지(내용, 구성, 발표 등의 항목으로 이루어진)를 주고, 두 명 정도의 학습자를 공식적으로 평가할 사람으로 미리 선정하여 발표에 대한 총평을 하게 한다. 나머지의 학습자들도 평가지에 평가해 보도록 하며, 발표 내용을 촬영하여 발표자 스스로 자기 평가를 거치도록 한다면 더 바람직할 것이다.

(7) 토론하기

하나의 주제에 관해 그룹으로 토론하는 활동을 통해 논리적으로 말하기, 주장하기, 설득하기 등의 언어 능력을 기를 수 있다. 교사의 통제 정도에 따라 유도된 토론에서부터 자유로운 토론회까지 다양하게 진행할 수 있다. 유도된 토론은 교사가 선정한 주제나 읽기 자료를 통해 문제점을 파악하고, 토론을 거쳐 해결책을 제시하는 것이다. 자유로운 토론은 학습자 스스로 토론의 주제를 선정하고 자료를 수집하여, 예상되는 질문을 구성하고 토론회를 이끄는 것이므로 중·고급 학습자들에게 유용하다. 유도된 토론을 할 때, 교사는 의사소통의 파트너로서 참여한다. 교사는 학생들이 언어의 각종 기능을 응용하여 표현하도록 유도함으로써 학생들의 표현 능력을 키우는데 힘쓰고, 토론과 의사소통을 목적과 목표에 맞게 연계시킨다. 다음은 몇 가지 예를 든다.

<주제1> : 你是怎样学习汉语的?

⇨ 我经常跟中国朋友一起学习汉语. 他们教我汉语, 我教他们韩语, 很有意思！而且为了这次面试, 我每天练习大声读中文机上广播词.

<주제2> : 请说一下服务经验.

⇨ 我大学毕业后, 在酒店工作了兩年. 通过在酒店的工作, 我学会了如何给客人提供周到的服务. 而且挂着有我名字的胸牌工作, 让我更有责任感. 通过我的这些经验和努力, 我相信我一定能成为一名优秀的乘务员.

3) 과제 활동 (Task)

말하기 활동의 최종 목표는 중국어를 사용하여 실생활에서 정확하고 유창하게 의사소통을 하는 것이다. 이러한 목표는 연습 활동을 통해 익힌 언어적인 능력을 '과제 활동'을 통해 종합적으로 수행해 봄으로써 달성될 수 있다. 과제란 학습자의 목표어 사용 능력을 배양하기 위한 모든 종류의 구조화된 활동이다. 단순한 연습 활동에서부터 문제 해결 활동, 모의 상황 연출 등 복잡한 활동까지를 모두 포함할 수 있다. 학습자가 목표 언어의 형식보다는 의미에 초점을 두면서, 목표 언어로 이해하고 조작하고 산출하고 대응하는 일련의 교실 내 활동이다. 그리고 과제의 구성 요소로 목표(Goals), 입력(Input), 연습 활동(Activity), 교사와 학습자의 역할(Role), 배경(Setting) 등이 있다. 과제 활동은 뚜렷한 기능을 목표로 한 연습 활동이 특정한 상황 속에서 전개되는 것이다. 과제 활동의 참여자들은 특정한 역할을 가지고 과제를 수행해야 한다. 과제 수행은 목표 언어를 '단순히 이해하는 것'에 그치지 않고, 그 이해를 바탕으로 중국어를 사용하여 '무엇을 해 내는 것'이라고 할 수 있다.

과제는 실제적인 과제(real-world task)와 교육적인 과제(pedagogic task)가 있다. 실제적인 과제는 교실 밖의 세계에서 접하게 될 실제 상황을 교실 내로 옮겨와서 수행해 보는 것이다. 교육적인 과제는 실생활에서 일어날 개연성은 없으나 교육적인 목적으로 만들어진 연습, 또는 실제적인 과제의 변이 형태들이다. 실제적인 과제와 교육적인 과제는 수업의 단계와 목표에 따라 균형 있게 결합되어야 한다.

초급, 중급, 고급에서 사용할 수 있는 과제 활동의 예는 다음과 같다.

초급	중급	고급
처음 만난 사람과 인사 나누기 주말 약속 정하기 휴가 계획 말하기	학교생활에 대한 조언 구하기 은행에서 통장 개설하기 집 구하기	신문 기사 내용 전달 하기 공적인 부탁 거절하기 고민 듣고 위로하기

숙련도에 따른 말하기 과제 활동의 예

과제는 말하기의 상호작용적인 기술을 익힐 수 있도록 대부분 역할극의 형태로 제시된다. 다음은 말하기 과제의 한 예들로서 수업 내에서는 어떻게 제시되어야 하는지를 보여주고 있다.

· 단계 : 중급

· 목표 : 전화를 걸어 메모를 남길 수 있다.

· 과제 활동 : 전화로 메모 부탁하기

· 역할 제시

사람1 - 오늘 저녁에 있는 만찬회의 약속이 바뀌어서 친구에게 알려 주려고 전화를 했습니다. 그렇지만 친구는 지금 자리에 없습니다. 전화를 받은 사람에게 메모를 남기십시오.

사람2 - 회사에서 다른 동료에게 온 전화를 받았습니다. 그 동료는 지금 자리에 없습니다. 그 사람에게 전할 메모를 쓰십시오.

5. 말하기 수업 구성

수업 구성의 단계

과제 수행 중심의 말하기 수업은 다음과 같은 다섯 단계로 구성된다. '도입 단계(Warm up) → 제시 단계(Presentation) → 연습 단계(Practice) → 활용 단계(Use) → 마무리 단계(Follow up)'이다.

1) 도입

도입 단계는 학습 목표를 도입하여 학습자의 흥미를 유발하고 동기화 시키는 단계이다. 주제와 관련된 질문을 통해 학습 내용으로 이끌고 학습 목표를 자연스럽게 노출하여 학습을 준비시킨다. 또한 문법 항목을 목표로 할 경우에는 가장 전형적인 상황을 노출하여 학습자의 사용 동기를 끌어 낼 수 있으며, 그 의미와 기능을 유추하도록 유도할 수 있다. 도입 단계는 학습자를 적극적인 참여자로 만들어 주는 역할을 하므로 학습자 중심의 교육에서 중요한 단계이다. 계획된 교사의 질문, 교재의 삽화, 사진 자료 등 다양한 보조 도구를 활용할 수 있다.

2) 제시

제시 단계는 도입 단계에서 유추한 내용을 학습자가 명확하게 확인하고 이해할 수 있도록 하는 단계이다. 목표 문법이나 표현을 담고 있는 간단한 대화 예문과 교사의 설명으로 이해를 돕고, 간단한 질문으로 이해 정도를 측정한다. 제시 단계는 문법적인 목표가 강조된 단계지만 문법적인 사용이 의미를 지니도록 반드시 상황 속에서 제시해야 한다. 문법 학습은 먼저 규칙을 제시하고 사용을 익히는 연역적인 방법과 예문을 제시하고 이를 통해 규칙을 찾도록 유도하는 귀납적인 방법이 있다. 교육받은 성인 학습자의 경우 귀납적인 방법을 유도하는 경우가 많으나 목표 항목과 학습자 성향에 따라 두 방법을 적절하게 조화시킬 필요가 있다.

3) 연습

연습 단계는 위에서 제시한 다양한 상호대응 유형을 통해 목표 내용을 내재화하도록 하는 단계이다. 문법 지도를 위한 말하기 연습은 반복 연습, 대체 연습, 변환 연습, 확장과 완성 연습, 질문과 대답 등 다양하다. 연습은 단순한 것에서 복합적인 순서로 구성하되 의미적인 연습이 되도록 한다.

4) 활용

활용 단계는 단편적인 연습을 종합하여 실제적인 상황에서 과제를 수행하도록 하는 것이다. 활용 단계는 언어사용 단계로서 완전한 하나의 담화를 구성해 보거나 문제 해결 활동을 통해 의사소통 능력을 배양한다.

5) 마무리

마무리 단계는 최종적인 교사의 피드백을 통해 오늘의 학습 내용을 정리하고 과제를 부여하며, 학습자가 자신감을 갖도록 격려하고 용기를 주는 단계이다. 학습자 스스로 자기 평가를 하는 것도 바람직하다.

제5장
중국어 쓰기 교육

▌ 교사는 중국어 쓰기(작문) 교육에 관한 기본 원칙을 숙지하고 있어야 함은 물론이고, 중국어 쓰기(작문)를 가르칠 때에 학습자에게 중국어 쓰기(작문)에 관한 지식을 전달해 줄 수 있는 능력과 기법을 갖추고 있어야 한다.

• 기본 원칙

① 쓰기에 필요한 지식을 교육하는 일과 쓰기 훈련을 결합한다.
② 다른 언어적 기능을 교육하는 일에 쓰기 교육을 관련시키는 한편으로 쓰기 교육과 읽기 교육이 밀접한 상관관계가 있음을 강조한다.
③ 쓰기 과정상 여러 단계 별로 구체적인 지도를 해 나간다.
④ 코멘트 작성, 학생의 피드백, 학생-교사 간 미팅 등의 형식을 통해 학습자를 지도해 나간다.
⑤ 실용성과 응용성을 중요시하는 쓰기 교육을 실시한다.

• 기본 능력

① 읽기와 쓰기 사이의 상관관계를 이해하는 한편으로 그 내용을 교수과정에 응용할 수 있어야 한다.
② 여러 종류의 문체 형식을 숙지하고 능숙하게 쓸 수 있으며 강의 중에 그 능력을 운용할 수 있어야 한다.
③ 쓰기에서 문화 간 커뮤니케이션이 이루어질 수 있음을 이해해야 한다.
④ 적절한 방식을 통해 학생의 작문에 대해 코멘트를 작성하거나 피드백을 해 줄 수 있도록 해야 한다.
⑤ 학생의 쓰기 능력에 대해 평가할 수 있을 뿐 아니라 평점을 매기거나 등급을 나누는 과정에서 나타날 수 있는 특수한 문제를 처리할 수 있어야 한다.

1. 쓰기 교육의 중요성

의사소통 능력은 말하기, 듣기 기능을 통해 구어 능력과 읽기, 쓰기를 통한 문어 능력이 형성된다. 그러나 실제 교육 현장에서는 교육 과정에 시간적 제약이 있고 말하기 학습에 중점을 두고 있기 때문에 쓰기를 통한 의사소통 능력은 소홀히 한다. 또한 쓰기는 언어 교육에서 주요 수단이라기보다 다른 영역을 보조하는 수단으로 생각한다. 그러나 고급 수준의 언어 능력을 갖추기 위해서는 쓰기 능력이 중요하다. 쓰기에서 교육적 효과를 높이기 위해서 어떤 것을 주의해야 하는가를 생각해야 한다. 읽는 것에 중점을 두면서 부수적인 형태로 쓰는 것과 관련된 규칙을 선별하여 교육할 필요가 있다. 학습자는 쓰기 전략을 구체적으로 세워야 한다. 쓰기 전에 무엇을 어떻게 쓸 것인가의 윤곽을 잡아야 한다. 단 윤곽은 쓰기의 출발점일 뿐 그것에 구애되어서는 안 된다. 쓰기 시작해서도 쓰는 내용을 잘 음미하며 새로운 생각이 나면 그때마다 주저하지 않고 윤곽을 변경한다. 그리고 일단 쓰기가 완성되더라도 내용이 만족스럽지 못하면 몇 번이라도 다시 쓰는 자세가 중요하다. 내용을 한 번에 모두 써내려가는 것이 아니라 도중에 몇 번이고 멈춰 그때까지 쓴 것을 다시 읽고 전체적으로 글이 논리적인지 검토한다. 중국어 문자나 어구, 문법을 점검하지 않고 이 글이 최종본이라고 생각되면 수정한다. 이처럼 쓰기를 교육할 때 교사는 학습자에게 주의를 환기시키는 것이 중요한 임무이다.

2. 쓰기 수업의 목표와 내용

쓰기 기능은 독자들과 상호 대응과 교류를 통해서 서로의 의미를 이해하고 의사소통하는 하나의 사회적인 과정이다. 이런 상호 대응에는 토론, 읽기, 쓰기 전단계 즉 마지막 출판되기 전의 초고의 작성과 교정 등이 포함되어 있다. 따라서 쓰기의 학습자들도 이런 단계들을 거치는 과정을 학습하고 쓰기 기능을 통한 언어의 출력(out put)을 위해서 중국어 글쓰기의 목적에 따른 스타일을 교수해야 할 것이다. 예를 들면 수필문은 신문의 사건·사고 기사와는 다른 스타일의 문체를 사용할 것이고 편지, 이메일, 공문 등 다양한 스타일을 학습해야 한다.

쓰기는 형태에 초점을 둔 발화의 전사와 자신의 생각과 감정을 효과적으로 전개하고 전달하고자 창조적으로 글을 쓰는 작문 활동을 포함한다. 즉 쓰기는 기계적이고 형식적인 전사로부터 자유로운 중국어 글쓰기에 이르는 활동의 연속체로 볼 수 있다. 그러므로 쓰기 교육의 목표는 구조화된 언어 연습을 기반으로 실제 의사소통 상황에서 발생 가능한 쓰기 과제를 수행해야 한다. 자신이 표현하고자 하는 의미와 의도하는 언어 기능을 쓰기 활동을 통해 유창하고 정확하게 수행할 수 있도록 하는 것이다. 쓰기 교육 활동의 범위는 다음과 같다.

1) 중국어 정자법(正字法), 구두법, 문법적 일치 등 형태적 측면에 집중하면서 배운 자료를 베끼거나 재생산하는 일종의 적기.

2) 언어적 체계에 대한 지식을 강화하기 위하여 다양한 문법 연습을 하면서 그 언어로 문장을 만들어 쓰기.

3) 정해진 틀(변형 연습, 문장 결합 연습, 확장, 꾸미기, 아이디어 구성) 안에서 하는 쓰기.

4) 현실 세계에서의 쓰기 목적을 충족시키기 위한 일반적 쓰기.

3. 쓰기 교육 방안

1) 의사소통을 목적으로 한 쓰기 교육을 실시한다.

문법 항목과 주제를 연관시켜 글을 쓰게 하고 중국어 정자법(正字法)과 문법 항목에 대한 정확한 사용 중심으로 평가를 하던 전통적 쓰기 방식에서 벗어나야 한다. 즉 형태적인 정확성뿐만 아니라 글을 쓰는 목적과 전달하고자 하는 내용을 중시하는 중국어 글쓰기를 하도록 해야 한다. 이를 위하여 내용의 긴밀성과 형식의 응집성을 갖추어 논리적으로 완결성이 있는 내용을 구성하도록 해야 하며, 완전한 담화 문맥에서 의사소통을 목적으로 한 중국어 글쓰기 교육을 실시해야 한다.

2) 과정 중심의 글쓰기 교육을 실시한다.

쓰기 결과물을 중시하는 데에서 벗어나 최종적 쓰기 생산물로 나아가는 쓰기의 과정에 초점을 두어야 한다. 그리고 최종 결과물에 대해서만 평가를 하는 데서 탈피하여 전 과정에 걸쳐 평가를 해야 한다. 글쓰기는 수사적 문제를 탐구하고 계획 세우기, 아이디어 생성하기, 아이디어 조직하기, 문제 분석하기와 논지 구축하기, 독자를 위해 글 설계하기, 독자 중심의 글쓰기, 목적을 중심으로 한 교정하기와 문체를 중심으로 한 편집하기 단계로 구성된다.

3) 과제 수행 중심의 글쓰기 교육을 실시한다.

학습자들이 실제 의사소통 상황에서 수행할 가능성이 높은 과제 중심으로 쓰기 교육을 실시해야 한다. 교실에서의 쓰기 활동도 실제 의사소통 능력의 배양을 위한 것이므로 교실에서의 과제는 주로 실제적 과제 중심으로 구성되어야 한다. 실제적 과제의 활용 자체가 실제 의사소통 상황과 같거나 유사한 상황 속에서의 언어 사용 연습을 목적으로 하기 때문이다. 실제적 과제의 도입을 통해 유의적 상황에서의 언어 사용 연습을 조장하여, 실제 의사소통 상황에의 적응력과 사용 가능성을 높일 수 있다. 중국어로 쓰기 기술이 사용되는 맥락에서 사용할 수 있는 과제로는 중국 친구에게 엽서나 편지 쓰기, 축하 카드 쓰기, 연하장 쓰기, 신상정보를 묻는 양식 채우기, 전화 메시지 듣고 메모하기, 이력서 쓰기, 자기 소개서 쓰기, 안내문 쓰기, 설문지 작성하기 등이 있다. 그리고 외국인으로서 중국 생활 경험을 써서 신문이나 잡지에 투고하기 등도 좋은 실제적인 쓰기 과제가 될 수 있다. 그러나 실제적 과제가 실제 의사소통 상황에서의 과제 수행력을 높여 준다고 해서 실제적 과제만이 교실에서 사용되어서는 안 된다. 실생활에서의 수행 가능성은 낮아도 언어 사용 능력을 길러 줄 수 있고, 이를 통해 실제적 과제의 수행 능력을 내재화하는 데 도움을 줄 수 있는 교육적 과제도 적절히 교실 활동으로 도입되어야 한다.

4) 중국어의 담화 특성에 맞는 글쓰기 교육을 실시한다.

중국어 담화 공동체가 기대하고 요구하는 새로운 글쓰기 방식에 맞추어 글을 쓰도록 해야 한다. 즉 다양한 유형의 담화를 생산해 내는 글쓰기 연습을 실시하여 각각의 유형이 가지는 수사적, 형식적 글쓰기 양식들을 따르도록 한다. 글의 내적 형식에 익숙해지도록 해야 하며, 담화 유형에 따라 사용되는 정형화된 표현이나 담화 표지를 적절히 활용할 수 있도록 해야 한다. 또한 구어 담화의 문체와 구별되는 문어의 다양한 특성들이 가르쳐지고 연습되어야 한다. 특정한 담화 공동체의 담화는 그 공동체에 속한 사람들이 모두 동의하는 상투어, 그들이 사용하는 전문적인 어휘들, 특정한 토론 방식 등의 수사적 특징들로 이루어지는 거기에 소속된 사람들이 이야기하는 방식이다. 그러므로 쓰기 교육은 글 쓰는 이의 목적이나 문화적 배경에 따라 달라질 수 있는 특별한 수사적 전략과 특성을 가진 담화를 구성할 수 있도록 고안되어야 한다. 이는 특히 1980년대 이후의 사회구성주의적 관점에서의 글쓰기 교육에서 더욱 중요한 개념이 되었다. 사회구성주의적 관점은 쓰기를 사회적 행위로 간주한다. 즉 글을 쓰는 동안에 그 결과물에 대한 독자 및 사회적인 상황과 끊임없이 상호작용을 해야 하는 것이다. 인지주의적 관점에서 글 쓰기가 개인 내에서 이루어지는 쓰기 과정에 관심을 가졌다면, 사회구성주의적 관점에 의한 쓰기는 개인간에 이루어지는 쓰기 과정에 관심을 가진 것으로 파악된다. 따라서 개인은 고립적인 개체로서 글쓰기를 하는 것이 아니라, 공동체의 한 구성원으로서 그가 속한 집단의 방식을 고려하면서 글을 써야 한다는 것이다. 학습자의 모국어와 관련된 수사적 전통에 대한 평가를 중시하고 이를 근절시키는 것이 아니라, 학습자가 그러한 스키마의 이해 과정을 통해 쓰기로 안내하는 것이 중요하다.

5) 독자들의 반응을 예상하며 글을 쓰는 교육을 실시한다.

글의 효과를 극대화하기 위하여 독자들의 반응을 예상하며 글을 쓰는 연습을 하도록 해야 한다. 남들에게 읽히기 위한 글을 쓰기 위하여는 독자가 알고 있는 내용이 무엇인지, 독자의 요구와 태도가 어떠한지를 이해하고 나서, 필자가 의도한 메시지를 독자가 제대로 이해할 수 있도록 글을 구성하여야 한다. 즉 생각을 효과적으로 전달하기 위하여는 독자들의 요구를 잘 파악해서 필자 중심의 글을 독자 중심의 글로 변형시켜야 한다. 독자의 요구를 파악하여 독자를 위해 글을 설계하는 전략으로 독자 분석, 독자의 반응 예상, 창조적 독자를 위한 글을 조직해야 한다. 필자 중심의 글을 독자 중심으로 변형시켜 독자 중심의 글쓰기를 실시해야 하고, 이를 위하여 독자와 글 쓰는 이가 공유할 수 있는 목표를 설정하고, 독자 중심의 글 구조를 개발하며, 독자에게 이해의 단서를 제공하고, 설득력 있는 논거로 발전시키는 등의 전략을 사용해야 한다. 독자와 필자간의 상호작용에 대한 적극적인 탐색은 쓰기 활동을 하는 학습자들로 하여금 자신이 다른 사람들이 읽을 글을 쓰는 것이며, 그렇기 때문에 독자의 요구나 기대를 충족시키고 글의 효과를 극대화시키기 위한 전략을 최대한 구사해야 한다는 입장을 견지하고 글을 쓰도록 해야 한다.

6) 상호활동적, 협력적 활동을 통한 글쓰기 교육을 실시한다.

쓰기 교육이 상호활동적, 협력적 활동이 되어야 한다. 쓰기는 더 이상 고립적 활동이어서는 안 된다. 협력 학습과 소그룹 활동은 성공적인 쓰기를 하는 데 매우 중요하다. 소그룹 활동을 통한 말하기, 초고 쓰기, 수정하기, 읽기, 편집하기 등이 쓰기 과정에 포함될 때 쓰기는 보다 쉽고, 성공적일 수 있다. 소그룹 활동을 통해 학습자들은 첫째 협력적으로 정보를 모으고, 의견을 이끌어내고, 지지하고, 아이디어에 반응할 수 있으며, 둘째 문제를 해결하고, 평가하고, 결정을 하며, 셋째 발견 과정에서의 시뮬레이션 활동에서 역할을 담당하거나 참여하며, 넷째 독자로서의 반응 활동에 참여한다. 또한 동료 학습자는 쓰기 학습자에게 실제 독자로서의 역할을 하기도 해 실제 독자로부터 유리된 필자로 하여금 독자를 염두에 두고 효과적인 글 쓰기를 할 수 있는 기회를 제공하는 역할을 한다. 글 쓰기와 생각하기는 다른 사람들과의 다양한 관계를 포괄한다. 아이디어를 개발하고 조직하고 문제를 풀어나가는 데 실질적인 도움을 줄 수 있는 협력자와 함께 한다면, 개인이 고립적으로 하는 쓰기 활동에 비해 훨씬 나은 결과를 기대할 수 있을 것이다.

7) 다양한 전략을 구사하며 글을 쓰도록 교육한다.

글을 쓰는 효과를 높이기 위하여, 또는 소통 장애가 발생하거나 동일어가 반복 출현할 때 바꿔 쓰기나 유사어 이용하기 등의 쓰기 전략을 이용할 수 있도록 교육해야 한다. 그리고 필자 자신의 글 쓰기 과정과 이때 사용하는 전략을 인식하게 하여 문제해결 과정을 안내하고 검증하고 변화시키는 힘을 학습자 스스로 의식적으로 선택할 수 있도록 유도해야 한다.

8) 다른 언어 기술과 통합하여 글쓰기 교육을 실시한다.

실제 의사소통 상황에서 쓰기가 말하기, 듣기, 읽기와 같은 다른 언어 기술과 관계없이 고립적으로 실현되는 것이 아니다. 또한 다른 언어 기술과의 통합 교육이 언어 학습의 효과를 배가시킨다는 측면에서도 통합 교육은 필요하다. 특히 읽기와 연계해 글에 사용된 어휘, 표현, 구조 및 글의 구성 및 전개 양상을 관찰한 후 이를 모방한 글 쓰기 훈련이 필요하다. 쓰기 활동의 입력으로 사용되는 읽기는 특히 낮은 숙달도의 학습자에게 매우 실제적인 목적으로 사용될 수 있다. 읽기 자료는 비록 학습자에게 그 자료를 모방하여 글을 쓰게 하지 않더라도 최소한 학습자에게 쓰기의 모델을 제공한다. 즉 읽기 자료는 학습자에게 중국어 산문 문체에 대한 인식을 개발할 수 있는 입력 자료로서의 역할을 하는 것이다. 자세한 읽기 활동을 통하여 학습자는 산문의 문체, 문법적 특질, 그리고 담화 전개 과정을 익힐 수 있다.

4. 쓰기와 작문 교육

1) 작문의 기능

쓰기에는 문자를 쓰는 것뿐만 아니라 작문도 포함된다. 중국어 교육에서 작문 교육을 독자적 영역으로 설정하는 것이 취약하여 이 분야의 연구가 제대로 이루어지지 못하였다. 교사는 중국어를 구사할 수 있다는 것과 작문을 할 수 있다는 것은 어떤 관계이고 그것을 수행할 수 있는 능력과 기법을 갖추고 있어야 한다. 동일한 작문을 한다고 하더라도 모국어와 중국어의 경우는 다르다. 모국어는 일반적으로 충분히 발달된 구어능력이 있고 그 도움을 받는 형태로 문어능력이 개발되어 간다. 즉 구어로부터 도움을 받는 형태로 문어 기능이 발달되어 간다. 그런데 중국어는 대부분 이것과 다른 과정을 거친다. 모국어로 읽고 쓰는 능력을 갖춘 학습자의 경우 부족한 중국어의 읽고 쓰는 능력을 뒷받침하여 중국어의 발달을 촉진시킨다.

그렇다면 중국어에서 작문기능이란 무엇이고 어떻게 획득되는 것일까? 중국어 하급자가 작문 이외의 능력, 즉 말하기·듣기·읽기 등의 언어능력이 발달하면 자동적으로 작문기능을 갖추었다고 하는 대답이 있을 수 있다. 그러나 중국어를 말할 수 있다고 해서 부수적으로 읽고 쓸 수 있게 된다고 할 수 없다. 왜냐하면 말하기가 가능한 것과 쓰기가 가능한 것은 반드시 일치하지 않으며, 읽고 쓰는 능력이 없어도 말하는 능력은 발달시킬 수 있기 때문이다. 따라서 작문기능은 다른 언어능력과 별개의 것이며, 교육도 학습자 독자적인 영역이라고 할 수 있다. 작문교육은 읽고 쓰는 능력을 양성하는 개별적인 영역이다. 모국어로 읽고 쓰는 능력을 갖춘 후에 중국어를 학습하는 상황에서 다음으로 문제가 되는 것은 모국어 작문능력이 무엇이고 그것은 중국어의 작문능력 발달과 어떻게 연관되어 있는가 하는 것이다. 두 언어의 심층에는 공유 능력이 존재하여 동기가 있어 충분한 입력이 주어지면 모국어에서 획득한 읽고 쓰는 능력이 중국어로 전이되며, 반대로 중국어에서 획득한 것이 모국어로 전이된다고 하여 이를 상호의존 가설이라고 언어 교육학에서 명칭을 붙였다.

2) 작문의 지도

읽기를 통해 통해 각 장르 특유의 쓰기에 관한 규칙을 무의식중에 이해·획득할 수 있다는 생각이 타당하다면, 쓰기에 숙달된 학습자를 양성하기 위한 조건 중 하나는 충분히 읽는 것이라고 할 수 있다. 즉 학습자 개개인이 관심을 가지고 스스로 자신의 생각을 정리하고 싶다고 생각하는 것이 쓰여 있는 것을 자율적으로 알게 한다는 것이다. 다시 말해 작문 지도는 동시에 읽는 것에 주력하게 하는 것이다. 물론 쓰는 것에 관련된 규칙을 선택하여 가르치는 것도 하나의 방법이다. 쓰는 이의 조건(지식, 태도, 성격, 문화, 동기, 중국어 능력), 읽는 이의 조건(보고서, 논문 등 중국어 전공), 텍스트의 조건(장르, 수사, 구조, 어휘) 등을 구체적으로 정하면, 일정한 조건 하에서는 이러한 접근 방법이 어느 정도 효과는 있다.

초급중국어 학습자에게 중국어 작문지도는 어렵다. 이 시기의 작문지도는 우선 쓰기 과제를 연구하여 학습자에게 부여해야 한다. 일상생활에서의 쓰기행동을 보면 알 수 있듯이 쓰기에 관련된 과제는 다양하다. 예를 들면 간단한 노트 필기, 메모 쓰기, 메시지 남기기와 같은 것은 그다지 고도의 문법 능력이나 어휘력 없이도 가능하다. 혹은 소그룹이나 짝끼리 쓰기 전에 예비 활동을 하면서 실제 작문에 필요한 문형과 어휘를 보충하거나 쓰는 내용에 관한 아이디어를 창출 할 수 있다. 중급·고급중국어 학습자가 되어도 추상적인 내용을 쓰려고 하면 난감해진다. 이러한 문제의 근본적인 해결책은 많이 읽는 것이 중요하다. 특히 자신이 표현하고자하는 것에 관한 내용이 쓰여 있는 것을 집중해서 읽는 것이 쓰기의 기초를 형성한다. 그 다음에 문법이나 어휘 등의 정확성이나 적절성보다 자신의 생각을 어떻게 확대하여 보다 설득력 있게 논리를 전개할 것인가에 주의하며 실제로 써본다. 학습자가 사용할 수 있는 능력은 제한되어 있기 때문에 문법이나 어휘의 적절성에 신경을 쓰다보면, 글을 쓰는 능력이 그만큼 줄어들어 내용이 빈곤해질 수 있다. 작문을 지도하는 교사는 학습자가 쓴 작문을 정확성·적절성이라는 관점에서 수정하여 돌려준다. 교사가 피드백을 할 때, 교사가 할 수 있는 것과 학습자가 할 수 있는 것이 있으며 이들을 조합하는 것이 중요하다. 학습자는 자기가 쓴 내용을 어느 정도 개선이 가능하지만, 문법이나 어휘의 오류에 관해서는 자신의 능력만으로는 한계가 있다. 교사의 첨삭은 교사가 아니면 안 되는 부분에 제한하고 나머지는 학습자에게 맡겨야 한다. 교사가 주제를 정하는 단계부터 마지막 정리 단계까지의 전 작문과정을 학습자가 교사에 의지해서는 안 된다.

5. 쓰기 활동의 유형

1) 통제된 쓰기

통제된 쓰기는 두 가지의 원칙이 포함되어야 한다. 즉 첫째는 일정한 테두리(framework) 안에서 쓴다는 것과, 둘째는 항상 창조적인 자유로운 쓰기를 염두에 두고 진행되어야 한다는 것이다.

■ 받아 쓰기

초급 단계에서 사용하며 완벽한 글의 일부분을 써 보는 연습으로 한자를 읽힘과 동시에 음성과 성조를 인식하도록 한다. 받아 쓰기는 한자를 쓸 줄 아는 단계에서 바로 시작할 수 있다. 물론 귀로 듣는 능력과의 관련성을 생각해서 지도해야 한다. 받아 쓰기를 하는 데는 사전에 각각의 음운, 성조, 어조, 끊어 읽기 등에 관한 발음지도가 충분히 되어 있어야 한다. 받아 쓰는 단계에서 어구를 정확히 쓰는 능력이 길러져야 하고, 4성과 경성, 성조의 변화, 권설음 등을 다르게 발음하여 부자연스러운 중국어가 되기 쉬우니 주의해야 한다. 기능어 같은 것은 앞뒤 관계나 구조에 근거하여 추측하여 쓸 수 있게 되고, 듣고 내용을 이해하는 능력이 있어야 한다. 받아쓰기를 위해서 교사는 2~3회 반복하여 읽어 준다. 처음에는 보통 속도로, 그 다음에는 문장을 끊어 읽어 주며, 마지막에는 정상 속도로 읽어 준다. 받아쓰기는 단순히 음성을 기억하고 전사하는 활동이 아니므로 학습자가 받아 쓸 문장을 듣고 의미를 이해하여 문장으로 써 내려가야 한다.

받아 쓰기의 방법에는 두 가지가 있다. 1) 문장 안의 빈 자리를 어휘나 구로 채우게 하는 것과 2) 문장 전체를 받아 쓰게 하는 방법이 그것이다.

■ 암기하여 쓰기

암기하여 쓰게 하는 것은 시청각 영상을 활용하여 구문의 규칙을 습득시키는 데 그 목적이 있다. 암기시킬 문장은 교과서에 나타난 문장을 선정하는 것이 보통이며, 상급으로 올라가면서 일기나 편지글 등을 암기하여 쓰게 함으로써 여러 가지의 문장 유형을 기억하게 하는 것도 중요하다. 암기하여 쓰는 활동은 어디까지나 의미를 이해한 상태에서 진행되어야 한다. 이를 위해서 교사는 문장을 제시하고 여러 번 따라 발음하게 한 다음, 문장의 일부분을 지우고 나서 학생들에게 쓰게 하고, 점차 많은 부분을 지워나가다가 마지막에는 문장 전체를 지운 다음에 쓰도록 한다. 문장이 길 거나 또는 한 문단을 암기시켜 쓰게 할 때에는 특히 구두점에 유의시킨다. 또한 암기한 문장을 쓰는 이 단계에서는 암송할 때에는 자연스러운 발음으로 하게 한다. 쓰기를 하다보면 소리 하나하나를 부자연스럽게 지나치게 똑똑하게 발음하여 잘못된 발음이 굳어질 우려가 있기 때문이다. 내용 자료는 소설, 시, 산문, 논설문, 응용문 등 여러 종류의 글을 암기하여 쓰도록 한다.

■ 빈칸 채우기

그림이나 사진을 보고 텍스트 속의 빈칸을 채우게 하거나 문맥 속에서 빈곳에 적절한 어휘를 추론해 빈칸을 채우는 방법으로, 학습한 어휘나 표현을 문맥 속에서 연습할 수 있도록 하는 방법이다.

(1) 在欧洲和美国，一般人骑自行车主要是体育运动，( )是一种爱好。在中国，自行车是交通工具，( )是运输工具。中国人骑车的主要目的虽然不在体育运动，( )也达到了运动的效果。有不少人为了锻炼身体，( )骑车而不坐公共汽车。

답 : 只、也、但是、宁可

(2) 我和小张是中学的同学，在 ( )长的一段时间里，我们同吃同住同学习，( )很深。有一天，我起( )特别早，早晨又没吃早饭，上课时( )很不舒服，小张马上要了一辆出租汽车( )我送回了家。

답 : 很、感情、得、觉得、把

2) 유도된 쓰기

통제된 쓰기보다 광범위한 쓰기를 허용하는 것으로 작문의 전 단계 연습 활동이다.

■ 살 붙여 바꿔 쓰기

① 이야기 구성하기(초급~고급)

제시된 핵심어들을 이용하여 완성된 이야기를 구성하는 방법으로, 문장과 문단 구성 능력을 기르는 데 효과적인 방법이다. 예를 들면

‣ 以下是解释交通事故所需的核心表述。请以此来构成完成的谈话。

昨晚下雨，高速公路、北京附近、高速巴士、滑行、与轿车相撞、轿车司机和巴士乘客12人死亡、22人受伤、疲劳驾驶是事故原因

② 문장 확장하기(초급~중급)

제시된 담화의 밑줄 부분에 수식하는 내용을 덧붙여 이야기를 확장하는 방법이다. 관형어나 부사어 등의 수식어를 연습시키기에 좋은 쓰기 유형이다.

‣ ___的部分，请附上以下修饰语。

吴秀美是__女人。吴秀美在__公司上班。吴秀美的办公室里有一个男人。她很喜欢打乒乓球。所以每个周末都去___。但是上周末去比赛的时候___获得了冠军。

③ 세부 내용 덧붙여 다시 쓰기(초급~중급)

이야기의 골격만 제시하고 나머지는 학습자들이 내용을 덧붙여 이야기를 풍부하게 구성해 쓰게 하는 방법이다. 다음은 여행 경험이 간단히 쓰여진 글인데, 학습자들은 날씨, 사건, 교통 등을 중심으로 휴가지에서 1박 2일 동안 있었던 일에 대해 재구성해 쓸 수 있다.

‣ 下面是吴秀美的旅行经历简单说明的文章。请补充旅行当时的事件、交通, 天气等，详细说明旅行经验。

吴秀美去年夏天和家人一起去西湖玩。宣静一家在两天一夜的时间里, 在附近的湖边坐船等, 过得非常愉快。虽然因为交通不

便很辛苦，但这是非常愉快的假期。

■ 설명·묘사하기

내용을 시각적인 자료 - 그림, 사진, 도표, 통계 - 등을 제시하고 그 속에 나타나 있는 활동이나 사건, 장면을 설명하거나 묘사하는 방법이다. 학생들은 그림을 보고(예, 지도, 엽서, 간단한 그림, 부호 등) 단락이 될 수 있는 문장을 쓴다. 시작 단계에서 이런 종류의 연습은 일반적으로 교사가 학생들을 지도해야 하며 몇 개의 상호 관련된 문장, 곧 한 단락, 그리고 그림의 내용에 자기의 생각이 들어가게 하는 것이 가장 좋다. 이런 종류의 연습은 학생들이 간단한 묘사, 설명방법을 공부하게 하고, 학생은 정확한 문법과 중국어의 논리적 사유방식을 사용하여 간단한 한 단락을 조직해 나가는 것을 훈련한다. 또한 교사는 글을 고칠 때 이 점에 주의력을 두어야 한다. 매번 연습할 때 명확한 목적이 있어야 하고 교사는 주제에 대해 명확하게 알아야 하고 문제 혹은 단어를 제시하여 이끌어 가야한다. 동시에 학생들이 상상력, 창조력을 발휘할 수 있도록 주의해야 하며 학생들이 스스로 작문을 해 보는 것을 통해서 자신의 중국어 작문 능력을 향상시키려는 목표에 이르게 한다.

학생에게 자료를 근거하여, 여행이나 어느 장소에 가는 노선을 표시하도록 한다. 아래의 본문을 읽고, 지도 위에 순서에 따라서 두 사람이 주장하는 서로 다른 여행 노선을 나타내 보세요.

吴秀美太太想先去上海、苏州、杭州欣赏江南景色，然后坐飞机到南方最大的城市广州，最后游览一下桂林山水。布朗先生是研究中国古代文化的，他希望先去新疆看看，再到古城西安，然后从西安坐火车去成都、重庆，再坐船游览有名的长江三峡。

■ 담화 완성하기

담화 맥락에 맞게 비어 있는 부분을 완성하거나 몇개의 문장을 맥락에 맞게 연결하는 방법이다. 형식적 응집성, 내용의 일관성 등에 초점이 맞춰지는 방법이다.

① 문장 연결하기(초급~중급)

앞 뒤 문장, 혹은 문단간의 관계를 파악한 후 적절한 접속사나 담화 표지를 넣어 담화를 완성하는 방법이다.

② 문장 완성하기(초급~중급)

문장의 일부를 비워 두고, 앞뒤의 절, 혹은 앞뒤 문장의 맥락을 이용해 문장을 완성하는 방법이다.

③ 문단 완성하기(초급~고급)

한 문단의 일부를 비워 두거나 둘 이상의 문단으로 구성된 담화 중 한 문장을 비워 두고 앞 뒤 문맥, 혹은 시각 자료를 활용하여 맥락에 맞게 비어 있는 부분을 완성하는 방법이다.

3) 연계된 쓰기(초급~고급)

읽기와 연계된 쓰기 활동으로 읽고 내용 덧붙이기, 읽고 요약하기, 읽고 모방하여 쓰기 등이 있다. 듣기와 연계된 쓰기 활동으로는 듣고 지도 완성하기, 듣고 메모하기 등이 있다. 말하기와 연계된 활동으로 구두 연습 후에 쓰기, 쓴 것 발표하기 등이 있다. 이렇게 연계된 자료는 쓰기 활동의 훌륭한 입력 자료가 된다. 읽기, 듣기, 말하기 자료를 활용한 쓰기 방법에는 다음과 같은 것들이 있다.

① 모방해서 쓰기(초급~중급)

자료에서 어떠한 문체, 어휘, 구조, 글의 흐름, 수사적 전략을 활용하여 글을 구성했는지를 파악하고, 이를 모방하여 자신의 견해나 주장을 밝히는 글을 쓰는 방법이다.

② 요약하기(중급~고급)

요약하기는 자유로운 글 쓰기에 비해 결코 쉬운 일이 아니다. 대부분의 학습자는 요약을 할 때 핵심 내용을 파악한 후 이를 정리해 쓰는 것이 아니라, 주제문이나 중심 내용이 들어 있는 문장을 예시문에서 뽑아 그대로 나열하는 경우가 많다. 그러나 요약은 내용을 간략하게 재구성하는 창조적인 활동이다. 따라서 제시된 문장을 단순히 모방하는 것이 아니라, 핵심 내용을 짧게 재구성할 수 있도록 요약해 쓰는 훈련을 시키는 것이 필요하다.

③ 반론 혹은 지지하는 글 쓰기(중급~고급)

상반되는 견해의 한쪽 입장에서 쓰여진 글을 읽고, 그 글을 논박하는 글을 쓰거나 그 글을 지지하는 글을 쓰거나, 필자와는 다른 입장이나 시각에서 글을 쓰는 방법이다.

4) 문단 쓰기(Paragraph writing)

문단 쓰기는 중국어의 단락 유형, 단락 구조의 상용 표현, 연결 방식, 수사기교를 학습하는 것이 목적이다. 주제문을 제시하는 방법, 문단을 구성하고 전개하는 방법, 단락을 나누거나 논점 및 결론을 유도하는 표현 등을 연습해야한다. 담화(discourse) 안의 문단은 주제를 담은 문단, 전개해 나가는 문단, 종결용 문단으로 대별할 수 있다. 주제 문단에서는 (1) 주제(topic)가 명확히 제시되어 있는가, (2) 적절히 제시되어 있는가. 전개 문단에서는 (1) 주제를 구체적으로 뒷받침할 정보가 제시되어 있는가, (2) 그것들이 계획된 흐름을 따라 전개되어 있는가. 이 문단에 둘 이상일 경우에는 그 길이가 전체에 비하여 적절한가. 종결 문단에서는 (1) 충분한 정보가 간결하게 요약되어 있는가 (2) 논점의 절정에 달하고 있는가에 주의를 기울이며 써야 한다. 이렇게 문단을 쓸 때 주의해야 할 점으로 다음 세 가지를 기억해야 한다. 첫째 통일성(unity)으로 주제는 전체에 걸쳐 단 하나라야 한다. 둘째 일관성(coherence)으로 주제의 전개가 일관성 있게 진행되어야 한다. 셋째 설득성(persuasion)으로 주제의 전개 이유가 논리적으로 납득되어야 한다.

쓰기 초보 단계에서는 말로 표현했던 것을 단문으로 쓰게 한다. 그리고 짧은 문장을 긴 문장으로 확대한다. 주의해야 할 점은 원문의 주제와 제재를 변화시키지 않고 내용을 더해 나가야하는 것이다. 이런 연습은 학생들의 상상력과 논리 사유 능력을 단련할 수 있다. 실제 연습 역시 단락 훈련 중에서 주제구를 구분하는 방법의 발전이다. 처음에는 문장의 일부를 중역하게 하고 점차 문장 전체를 번역하게 한다. 중·고급 단계에서는 학습자가 배운 중국어 능력을 종합적으로 발휘하여 주어진 중국어 문장을 한국어로 번역하는 활동이 필요하다. 이때에는 한국어적인 발상에서 야기되는 잘못된 표현까지 지도할 수 있어야 한다. 중·고급 단계에서도 제1단계에서는 부분 중역을 시키고 제2단계에서는 전문을 중역 시킨다.

看到的和想到的

我从台湾回到大陆已经六个月了。我的老家在广东，但是我家已经有五代生活在台湾了。我回来后，国家分给我两套住房，房费非常便宜。我的几个孩子都进了学校。我看到这里的老师工资低，学费低，但是老师教得很好。我在台湾是电影导演，我回来还要当电影导演。我在北京生活了半年，对这个城市的印象非常好。但是，我看见很多人上街买东西找不到休息的地方, 有的人就坐在马路边上休息。我想，为什么不在街道旁边放一些椅子或者多开些茶馆，咖啡厅呢? 最后我想说，能成为一个北京市民，觉得很高兴。

5) 기초 실용문 쓰기 연습

기초 실용문은 학생들이 공부할 때, 생활 중에서도 자주 필요로 하는 것이다. 여러 가지 양식, 편지, 실용 단문 등이 있다. 기초 실용문 연습의 이점은 학생들이 이미 일정한 양의 중국어 어휘와 표현방식에 숙달한 후에 실제 생활에 근거하여 실용문을 연습하는 것에 적당하다. 학생들의 작문 연습에 흥미를 높일 수 있고, 학생들이 실제로 사용하게 하여 중국어 작문 능력을 향상시킬 수 있다.

(1) 실용문 쓰기 지도순서

기초 실용문 수업의 일반적인 교수 순서는 다음과 같다.

- 모범 문장을 제시한다.
- 학생들과 함께 모범 문장을 분석한다. (구조(짜임새), 형식, 특정용어)
- 학생들에게 내용을 명확히 파악한 뒤, 교사는 다른 장면, 조건, 단어를 제시하고 학생들이 스스로 작문 연습을 하게 한다.
- 수정, 평가. 학생들이 쓴 실용문을 전체 반 학생들이 분석하고 교정한다.

(2) 상용 실용문 형식

초급 단계에서 아래의 몇 종류의 실용문을 공부할 수 있다.

- 표에 기입하기 (은행 유가증권, 학생 등기표, 소포 우송 쪽지 등) 학생들이 중국어 서식에서 흔히 보이는 구성, 항목 내용과 주의사항을 이해하도록 한다.
- 편지와 편지봉투 쓰기
- 쪽지쓰기 (메모, 차용증과 영수증, 소개서, 쪽지, 위임서, 추천서 등) 학생들이 모범 문장 중의 특정 용어를 주의하도록 하고 배워서 사용할 수 있도록 요구한다.
- 편지와 문서 (축하편지, 감사편지, 초대장, 신청서, 이력서 등) 학생들에게 주의를 일깨워 주어야 하고 서로 다른 종류의 사교 편지는

내용이 다르고 수신인의 신분이 다르기 때문에 사용하는 어휘, 어투 및 격식이 모두 다르다. 만약 학생들에게 이러한 점을 주의하게 하지 않으면 곧 사교 결과에 영향을 줄 수 있다.

(3) 교수 신청서

■ 간단한 설명서 : 당신은 모 학교의 학습 요구 혹은 모 부분의 일을 요구할 때 당신은 편지 한 통을 써야한다. 당신은 가려고 하는 부문에 당신의 상황, 요구를 설명해야 하고 더불어 그들에게 회답을 청하여야 한다. 이러한 편지는 곧 신청서이다.

■ 모범 문장을 분석하고 분명하게 나타낸다.

① 北京语言大学招聘办公室负责同志。
② 我从报上得知，贵校急需一名西班牙语老师，我认识我可以胜任这个工作。
③ 我1978年毕业于北京大学西班牙语言文学系。毕业后在一所大学从事西班牙语教学工作。
④ 本人身体健康，喜欢语言教学，易于跟学生交往，自信能成为一名合格的外语老师。
⑤ 按贵校要求，寄上我的履历表一份。
⑥ 此致
敬礼!

⑦ 李晓明
⑧ 2002年 6月 15日

앞의 신청서 각 부분에 제목을 적는다.

① ②

③ ④

⑤ ⑥

⑦ ⑧

다음 신청서의 순서는 틀린다. 정확한 순서와 격식에 따라서 써라.

○ 浙江美术学院教务处负责人先生:

○ 2002年毕业

○ 我是中央民族大学美术系学生

○ 我想报考贵校研究生

○ 希望得到贵院的招生简章和 情况介绍

○ 随信附上我的履历表

○ 丁力

○ 2002年4月8日

○ 敬请早日回复

6) 자유로운 쓰기

일정한 주제를 주고 자유롭게 글을 쓰게 하는 방법이다. 자신의 생각이나 관찰을 중문으로 나타내는 단계이다. 앞의 여러 단계를 충분히 연습한 다음에야 가능하다.

자유로운 쓰기에는 ① 자유 작문, ② 읽기와 연계한 다양한 활동(읽고 모방하여 쓰기, 자료 읽고 의견 쓰기) 등이 있다.

6. 쓰기 수업의 구성

1) 쓰기 전 단계

쓰기 전 단계는 글을 쓰는 목적이나 주제를 고려하여 무엇을 쓸 것인지, 어떻게 쓸 것인지 등에 대하여 기초 자료를 모으고 생각을 짜 내어 아이디어를 구상하는 단계이다. 일반적으로 브레인스토밍, 마인드맵, 자유 연상, 정보 수집 활동, 주제에 대하여 의견 교환하기, 개요 쓰기 등의 활동을 한다.

2) 쓰기 단계

쓰기 단계는 쓰기 전 단계에서 구상한 내용을 글로 옮기는 단계이다. 이 단계의 처음에는 문장의 정확성에 너무 집착하지 않도록 빨리 쓰게 한다. 일단 한번 쓴 후에는 정교화 전략, 줄이기 전략 등을 사용하며 읽으면서 고쳐 쓰기를 하도록 이끈다.

3) 쓰기 후 단계

쓰기 후 단계는 고쳐 쓰기 단계로 문장의 정확성이나 글의 논리성 등을 고려하여 교사-학생 간, 학생 상호 간에 의견을 교환하며 고치고 수정하는 작업이 이루어진다.

쓴 글을 점검할 때는 글의 일관성, 주제의 명확성, 글의 양식, 글의 구성, 문법적 정확성, 어휘 선택 등을 확인한다.

제6장
중국 문화 교육

▌문화 지도의 원칙

교사는 문화 및 문화 간 커뮤니케이션에 관한 주요한 개념들은 물론, 문화 및 문화 간 커뮤니케이션이 언어 교육에 미치는 영향을 잘 파악하여 그 내용을 교수 과정에 운용할 수 있어야 한다.

• 기본 개념 범주

① 광의의 문화와 협의의 문화
② 커뮤니케이션
③ 문화 간 커뮤니케이션
④ 언어에 의한 커뮤니케이션과 비언어 커뮤니케이션
⑤ 커뮤니케이션 착오와 커뮤니케이션 실패
⑥ 문화 간의 영향
⑦ 문화의 패턴과 문화의 다중성
⑧ 문화쇼크
⑨ 문화적 감수성과 문화적 거리

• 기본능력

① 문화 및 문화 간 커뮤니케이션이 언어 교육에 미치는 작용에 대해 숙지하고 문화 간 커뮤니케이션 의식을 갖추고 강의를 진행해야 한다.
② 교재 본문 또는 교수 자료 중에 나타나는 각종 문화 개념을 해석할 수 있어야 한다.
③ 교수 과정 중에 학습자의 문화 배경을 감안하면서 과제물 또는 여러 가지 활동을 마련할 줄 알아야 한다.
④ 학습자의 문화 배경과 언어 수준에 맞는 교수 방식과 수단을 선택할 수 있어야 한다.
⑤ 서로 다른 문화적 분위기 중에서도 효과적인 언어 교육을 전개할 수 있어야 한다.
⑥ 서로 문화가 다름으로 해서 또는 커뮤니케이션 실패로 인해 언어 학습 과정 중에 발생한 곤란한 상황을 학습자들이 잘 극복할 수 있도록 도와줄 수 있어야 한다.
⑦ 문화 간 커뮤니케이션이 일어나는 상황에서 학습자가 문화적 감수성을 키울 수 있도록 도와줄 수 있어야 한다.

1. 문화 교육의 필요성

언어로 제대로 소통하게 하려면 문화교육이 필수적이다. 특히 오늘날 중국어 화자와 빈번한 접촉이 이루어지는 시대이므로 언어교육 현장에서 중국어와 문화를 분리해서 교육하기는 어렵다. 현재 언어교육은 언어가 아니라 의사소통 능력의 습득을 목표로 하고 있다. 언어사용자인 인간, 언어사용 환경인 사회, 언어 사용 맥락 및 함의인 문화 교육이 중요하다. 중국어교육에서 '언어에 투영된 문화적 함의, 언어로 이루어지는 문화', 이른바 '언어문화'는 언어를 교수·학습할 때의 '언어', 즉 어휘, 문법, 담화, 화용 등 언어적 요소를 가르칠 때, 그 배경 지식이나 문화적 함의 및 맥락으로 가르치고, 그 외의 삶과 사회 전반과 관련된 전문적인 지식이나 가치, 변화 등 내용과 관계가 있는 부분을 문화로 교육하고 있다.

21세기 언어학습은 세계화, 전자통신, 인터넷, 대중매체, 개인 간 네트워크의 발달로 중국어 접촉 및 사용의 기회가 증가하고 중국어 학습에 대한 관심이 많아져서 의사소통 능력의 습득에 문화교육은 중요하다고 할 수 있다.

2. 문화의 정의와 항목

1) 문화의 정의

문화 교육론에서 대상으로 설정하는 문화란 무엇인가? 즉 문화 교육의 내용 구성과 관련한 요소이다. 이는 문화가 그 사회 구성원이 갖는 사고방식과 행위양식을 담고 있는 총체적인 개념이다. 사회 현상을 다루는 모든 학문 영역에서 논의될 수 있는 만큼 중요한 문제이다. 문화에 대한 정의는 수백 가지가 되며 학문의 영역에 따라 중심 쟁점이나 분석의 틀은 다양하게 나타난다. 문화에 대한 논의 대부분은 인류학적, 사회학적 관점에서 다룬 것들이다. 외국어 교육학의 관점에서 논의된 것은 역사가 그리 길지 않다. 다만 언어와 문화의 불가분의 관계에서 '언어가 곧 문화요, 문화가 곧 언어'라는 명제가 외국어 교육과 문화 교육의 고리가 되고 있다.

1970년대 의사소통 중심의 교수법이 등장하기 전까지 일반적으로 외국어 교육 현장에서 중시된 것은 언어학적 능력이었다. 최초의 외국어 교수법이라고 볼 수 있는 문법 번역식 교수법에서는 목표어 국가의 문학 작품 감상 정도가 문화 교육적 요소를 담고 있었다. 이 당시 문화에 대한 인식 자체가 문학, 고전음악, 무용, 건축물, 예술 작품 등 '사회 구성원이 성취한 최고의 산물'에 국한되었기 때문에 나타난 당연한 결과였다. 1950년대 청각구두식 교수법이 대두함에 따라 실생활 중심 회화가 중요해지고 일반 생활 문화가 교육 내용에 포함되기 시작하였다. 그러나 이 시기 외국어 교수법은 구조와 형태가 중심이었던 만큼 의미, 기능과 밀접한 문화적 양태는 외국어 교육의 중심으로 자리잡지 못했다. 이때까지 언어와 문화에 대한 연구는 주로 인류학적, 사회학적 관점에서 또는 민족학적 관점에서 다루어졌다.

그러나 1970년대 Hymes(1972)가 의사소통 능력의 개념을 제기한 이후 사회언어학적 관점에서 문화를 정의하기 시작하였고, 아울러 외국어 교육과 문화 교육에 대한 관련성 논문이 발표되기 시작하였다. 외국어 교육에서 사회 문화적 요인이 어떠한 위치를 차지하고 있는지를 잘 나타내는 것으로 Stern의 4중적 교육과정 모델을 들 수 있다. Stern(1983)은 외국어 교육 과정 모델의 역사적 변천을 논하면서 최근의 모델로 구조적 양상, 기능적 양상, 사회 문화적 양상, 경험적 양상으로 구성되는 4중적 모델을 제시하고 있다. 이는 제2언어 교육에서 구조, 기능, 경험이라는 의사소통 능력의 세 가지 요소에 근거를 둔 Allen(1980)의 3중적 모델에 사회문화적 양상을 추가한 것이다. 최근에는 언어 교육에서 문화적 요소의 중요성이 부각되고 있음을 의미하는 것이다. 여기에서 구조적 양상은 언어의 형식, 기능적 양상은 담화 자질, 사회 문화적 양상은 주어진 맥락에서의 사회적 적절성, 그리고 경험적 양상은 언어 사용 연습에 초점을 둔다. 1970년대 이후 외국어 교육에서 문화가 어떻게 정의되었는지에 대한 대표적인 연구를 소개하면 다음과 같다. Brooks(1975)는 문화를 넓은 의미의 문화인 인간 생활의 모든 것과 인간 생활 중의 최상의 것 등 두 가지로 나누어서 제시하였다. 여기에서 전자는 흔히 말하는 little C에 해당하는 것이 되고 후자는 big C에 해당한다.

Hendon(1980)은 문화를 big C와 little C로 구분하면서 고급 문명의 성과들인 big C는 주로 과거와 관련되고 little C는 일상 생활문화 중심으로서 현대와 관련이 있다고 말하고 있다. 한편 Adaskou, Britten, and Fahsi (1990)는 문화에 대한 수많은 정의에 대하여 새로운 관점에서 정의를 내렸는데 이를 소개하면 다음과 같다.

첫째는 심미적 의미(The aesthetic sense)의 문화로서 흔히 말하는 big C이다. 여기에는 문학을 비롯하여 미디어, 영화, 음악 등이 포함된다.

둘째는 사회학적 의미(The sociological sense)의 문화로서 흔히 말하는 little C이다. 여기에는 가족, 가정 생활 및 인간 상호 간의 관계를 맺는 조직과 그러한 조직들의 성격이 포함된다.

셋째는 의미론적 의미(The semantic sense)의 문화로서 사람들의 인식 및 사고 처리 과정의 중심을 이루는 것들이다. 이는 주로 사람의 언어 속에 내재되어 있는 의식 체계를 말한다.

넷째는 화용론 및 사회언어학적 의미(The pragmatic or sociolinguistic sense)의 문화로서 여기에는 언어 습득과 더불어 성공적인 의사소통을 가능케 하는 배경 지식, 사회성 및 언어 분석적 기술 등이 포함된다.

Tomalin & Stempleski(1993) 역시 그 동안 여러 학자들에 의하여 논의되었던 성취문화와 행위문화에 대한 재정리를 시도하고 있다. 즉 역사, 지리, 제도, 문학, 미술, 음악, 생활 방식 등과 같은 그 사회 구성원이 성취한 총체적인 문물과 일반 행위 문화 중에서 언어 생활과 생활 공동체에서 접하는 행위 문화의 중요성을 강조한다. 그러나 결론적으로는 일반 행위 문화를 확대하여 문화의 구성요소를 산물(문학, 민속, 미술, 음악, 가공품), 관념(신념, 가치관, 제도), 행위(관습, 습관, 옷, 음식, 레저)로 나누었다.

Vallette(1995) 역시 문화의 구성 요소를 크게 둘로 나누었다. 이는 인류학적, 사회학적 문화와 문명의 발달사라는 측면으로 전자에는 태도, 관습, 일상생활, 사고방식, 가치판단 기준 등이며 후자는 지리, 역사, 과학, 사회과학, 예술 등 사회 각 영역에서의 성취이다.

이들의 논의보다 더 나아가 외국어 교육에서 문화를 어떻게 규정하고 어떠한 방법으로 교육할 것인가에 대한 논의는 1996년에 미국 연방정부가 발표한 이른바 5C에서 찾을 수 있다. 5C는 Communications(의사소통), Cultures(문화), Connections(연계), Comparisons(비교), Communities(공동체)의 약자이다. 미국 정부가 21세기를 대비하여 초등학교와 중고등학교의 외국어 교육 발전을 위하여 미국의 주요 외국어 교육 협회에 의뢰하여 개발한 외국어 학습의 기본 원리를 나타내는 5C중 문화 부분은 다음과 같이 정의하고 있다.

○ 행위문화(언어적 행위와 비언어적 행위), 그리고 거기에 내재되어 있는 관념적 문화(전통적 사고방식, 태도, 믿음, 가치관)
○ 유형, 무형의 문화적 소산품(그림, 문학작품, 이야기, 춤, 교육제도 등)과 거기에 내재하는 관념적 문화

이상의 연구를 종합해 볼 때 대체로 성취문화와 일상 생활문화로 나누는 데 이를 다시 정리하면 다음과 같다.

외국어 교육에서의 문화의 분류

일상 생활문화	성취 문화
흔히 little C라고 불리는 것으로 사회 구성원의 행위의 모든 것(언어적, 비언어적 행위), 신념, 가치관, 태도 등을 의미한다. 구성원의 일상생활이 어떠한지, 어떻게 생각하는지, 어떻게 행동하는지 등이 주요 대상이다.	흔히 big C라고 불리는 것으로 사회 구성원이 역사적으로 삶을 영위해 오면서 성취한 문물을 의미한다. 문학, 예술, 무용, 전통음악, 제도, 건축물 등이 대표 적인 예가 된다.

문화의 정의에 관한 이러한 주장은 개별 외국어 교육을 논함에 있어 유용하게 활용될 수 있다. 그렇지만 개별 외국어가 갖는 독특한 사회·문화·역사적 배경 또한 매우 중요한 요소이다. 의사소통이 진행되는 상황에서 대부분의 정보는 담화 당사자의 심리적인 맥락이나 그들의 마음속에 내재되어 있다. 따라서 대화가 진행되는 과정의 환경이나 주변, 비명시적인 의사소통 수단이나 비언어적 의사소통 수단이 중요한 역할을 하게 된다. 그러나 무엇보다도 중요한 것은 중국의 역사가 길고 독특한 문화권을 형성하여 유지되어 왔다는 점이다. 이러한 문화적 전통이 불과 반세기만에 외래 문화의 유입으로 그 기반이 크게 변화되었다는 점을 고려해야 할 것이다. 그리고 문화의 제 현상을 볼 때 전혀 뿌리가 다른 전통 문화와 외래 문화가 혼재되어 나타나고 있다는 점은 중국어 교육론자에게 시사하는 바가 매우 크다. 즉 중국어 교육 현장에서 (비교적) 순수 전통 문화, (비교적) 전통에 기반한 일상 문화, (비교적) 순수 외래 문화 등의 범주화는 유용성을 갖는다고 볼 수 있다.

2) 문화 항목

문화 항목은 문화 교육에 있어 무엇을 가르칠 것인가? 에서 '무엇'에 해당한다. '무엇'을 선정하기 위해서는 각 단계별 문화 교육의 목표를 설정하는 일이 선행되어야 한다. 외국어 교육 현장에서의 문화 교육은 당연히 외국어 교육의 하위 목표이기 때문이다. 예를 들면 초급 단계의 학습자라면 목표어 사회에 살고 있는 사람들의 행동 양식과 언어 사용, 관습 등 문화적 내용을 이해하고 평가하며 원어민 화자들과의 원만한 의사소통이 1차적이며 직접적인 목표가 될 것이다. 그러나 어느 정도의 학습 과정을 거쳐 사적, 공적 영역에서 일상적인 생활을 영위하고자 하거나 전문적인 영역에서 언어 활동을 수행해야 하는 경우라면 목표어 사회의 제반 문화에 대한 충분한 이해가 필요할 것이다. 다만 아주 예외적으로 외국어 학습 동기가 특정 영역에서의 생활에 적응하는 데 있다면 그것에 필요한 언어적 능력의 발달 단계와는 무관하게 문화적 능력을 키우는 것도 필요할 것이다. 이는 외국어 교육 현장에서의 문화 교육의 목표가 결국은 외국어 학습 단계에 맞추어 설정되어야 함을 의미한다. 그리하여 문화 교육이 의사소통 능력을 발달시키고 목표 언어 사회에 대한 문화적 변용(acculturation)을 촉진하도록 해야 한다.

문화항목은 각 단계별 문화 교육 목표가 설정되었을 때 이를 구체적으로 교수·학습 항목으로 담아내는 역할을 한다. 언어와 문화의 불가분의 관계를 고려할 때 문화 항목은 매우 다양할 수 있다. 그러나 이를 언어 교육의 단계별 목표에 맞추어 알맞게 선정, 배열하고 적절하게 기술하는 것이 필요하다. 문화 교육 내용의 의사소통적 측면에서 문화 교육의 범주에는 기본적인 일상생활, 인간관계,

교통, 일, 건강과 안전, 개인적 요구와 가족 요구, 개인 금융, 교육, 쇼핑과 서비스, 레크리에이션, 시민생활 등이 포함된다. 그리고 하위 주제로 음식, 집안일, 여행, 날씨와 기후, 지리적 요소, 색깔, 우체국과 은행, 직업, 농업, 종교, 초·중등·대학 교육, 군대와 전쟁, 범죄와 경찰, 에너지 등 다양하다. 문화항목의 선정에 대하여는 아직 충분히 논의되지 않았지만, 교육부에서 제시한 문화적 성취 기준으로 학습자를 위한 문화 항목의 선정을 배열하면 다음과 같다.

- 중국 개관 : 국기, 언어, 소수민족, 인구, 행정 구역 등
- 언어 문화 : 인사, 호칭, 숫자, 해음, 언어 예절 등
- 생활 문화 : 여행, 운동, 가족, 하루 일과, 학교생활, 건강, 취미, 교통수단, 식사 등
- 예술 문화 : 연화, 연극(경극), 음악, 문학 등
- 전통 문화 : 명절, 의식주, 전통 놀이, 전통 공예 등
- 기타 : 인물, 역사, 지리 등

3. 문화 교육의 목표

중국어 교육 현장에서 문화 교육의 목표와 내용 및 수준을 어떻게 설정할 것인가는 문화교육의 중요한 요소이다. 즉 문화가 무엇이며 문화의 어떤 면을 어느 정도의 수준으로 중국어 교육에 포함이 되어야 할 것인가에 대한 문화 교육의 목표이다. 중국어 교육에서 문화 교육이 필요함은 언어와 문화의 불가분의 관계에서 비롯되고 있음은 주지의 사실이다. 따라서 의사소통 능력의 개념이 대두된 이후 제기된 문화 교육의 목표는 당연히 의사소통 능력을 키우기 위한 필수적인 과정으로 인식되어 왔다. 중국어로 완전한 의사소통을 하기 위해서는 다른 문화권에 속한 사람들의 행동양식을 이해하는 것이 중요하며, 자기 문화에 대한 예속적 경향, 즉 자기 문화의 규범에 국한된 행동 및 태도를 줄여나가는 것이 주요 교육 목표 중의 하나이다. 여러 연구에서 수정하여 제시한 문화 교육의 목표를 좀 더 구체화시켜 보면 다음과 같다.

- 학습자로 하여금 그 사회의 모든 구성원에게서 나타나는 문화적으로 조건지어진 행위에 대한 이해를 키우도록 한다.
- 나이, 성, 사회 계급, 거주지와 같은 사회적 변인이 말과 행동에 어떻게 영향을 주는지에 대한 이해를 키우도록 한다.
- 목표 문화 사회의 일반적인 상황에서 나타나는 관습적인 행동에 대한 인식을 키우도록 한다.
- 목표 언어 속에 들어 있는 문화적 함의가 있는 단어나 구에 대한

이해를 키우도록 한다.

- 목표 문화와 관련하여 내려지는 일반화를 평가하거나 수정할 수 있는 능력을 키우도록 한다.
- 목표 문화와 관련하여 얻어진 정보를 정리하거나 조직하는 데 필요한 기술을 키우도록 한다.
- 목표 문화에 대한 지적 호기심을 자극시키고 감정 이입을 북돋운다.

이러한 목표는 다분히 문화 교육의 대상이 언어 문화 내지는 일반 생활 문화에 치중해 있음을 느끼도록 한다. 그리고 문화 교육의 수준은 단순히 목표어 사회의 문화 현상에 대한 이해에 머무르지 않고 감정이입과 지적 호기심의 고취까지 폭넓게 존재할 수 있음을 보여준다. 그러나 문화 교육에 대한 목표가 진전되면서 점차 범위가 넓어져 성취문화적 요소를 문화 교육의 범위에 적극 포함시키고자 하는 주장들이 나온다. 물론 과거에도 문학작품 등 성취문화적 요소가 포함되지 않은 것은 아니지만 일반 행위문화가 강조되었다. 그러나 최근에는 문학, 예술을 포함하여 정치·경제·사회 등 사회 전반의 대표적이고, 특징적인 요소가 문화교육에 자연스럽게 포함될 수 있음을 강조하기도 한다. 이는 외국어 학습의 단계가 올라갈수록 상황 설정과 맥락의 구성이 사적인 영역에서 공적인 영역으로, 주변적인 영역에서 일반적인 영역으로, 사실적인 영역에서 추상적인 영역으로 확대되는 것에 따른 것으로 일상 생활문화에서 다양한 성취문화로의 발전은 자연스러운 것으로 보인다. 다만 여기에서 중요한 것은 다른 나라와 차별됨으로써 목표어 사회를 이해하는 데 꼭 필요한 요소들이 중시되어야 한다는 점이다. 이는 결국 학습자의 학습 단계, 모국어, 모국 사회 등 학습자 변인과 관련이 된다. Lafayette는 학습자 중심의 문화교육의 목표로서 다음과 같은 12가지를 제시하였다.

- 주요 지리의 기념물을 인식하고 설명할 수 있다.
- 주요 역사적 사건을 인식하고 설명할 수 있다.
- 주요 제도(행정, 정치, 종교, 교육 등)를 인식하고 이해할 수 있다.
- 주요 예술적 기념물(건축물, 미술, 문학)을 인식하고 이해할 수 있다.
- 일상의 "비활동적인(passive)" 문화적 패턴(계층, 결혼, 직업 등)을 인식하고 이해할 수 있다.
- 일상의 "활동적인(active)" 문화적 패턴(식사, 쇼핑, 인사 나누기 등)을 인식하고 이해할 수 있다.
- 통상적인 일상 생활에서 적절하게 행동할 수 있다.
- 상투적인 제스처를 적절하게 사용할 수 있다.
- 다른 사회와 그 구성원에 대한 가치판단이 가능하다.
- 목표어와 관련이 있는 인종의 문화를 인식하고 설명할 수 있다.
- 목표어를 사용하는 비유럽인(non-European peoples)의 문화를 인식하고 설명할 수 있다.
- 문화 관련 설명에 대하여 타당성을 평가할 수 있고 문화 관련 정보를 조직화하는 데 필요한 기술을 발전시킬 수 있다.

이러한 주장은 이전의 주장과는 크게 다르다. 이전 주장의 중심이 언어 문화, 가치체계, 행위양식이었던 것에 비하여 1998년 Lafayette의 주장은 이들 외에 지리적 기념물, 역사적 성취물, 주요 제도,

예술적 기념물 등 성취 문화까지 폭넓게 문화 교육의 목표로 삼았다. 이는 언어와 문화의 관계에 기인하는 '언어 문화'의 차원을 넘어 언어와 사회 문화로까지 문화 교육의 영역을 확장해 가고 있음을 보여준다. 1990년대 이후에는 외국어 교육에서의 문화가 언어 문화, 행위 문화를 넘어 문화 전반에 대한 이해의 폭을 넓히고, 심지어 사회적·경제적 능력(socio-economic competence)까지 키워야 한다는 주장이 제기되었다. 1993년 Tomalin & Stempleski는 교수 계획을 수립함에 있어 1988년 Seelye가 발표한 7가지 목표를 염두해 두어야 한다고 말하며 아래의 내용이 실제 교수 원리 설정에 포함되어야 한다고 주장한다.

- 학습하는 언어를 통하여 문화에 접근한다.
- 각 단원의 학습과 함께 문화적 행위에 대한 학습을 진행해야 한다.
- 학습자로 하여금 필요하다고 느끼는 만큼의 사회-문화적 능력을 갖추도록 이끌어간다.
- 모든 학습 단계에서 학습자 모국 문화와 목표어 사회 문화 사이의 문화 간 이해를 달성하도록 이끌어야 한다.
- 문화 관련 교육이 행위 변화를 함축하기도 하지만 이문화 간 문화적 영향에 대한 자각 및 인내를 의미함을 인식해야 한다.

문화 교육의 목표를 상위목표와 하위목표로 분류하여 상위목표로는 문화 이해를 통한 중국어 의사소통 능력의 신장을 설정하고, 하위목표로는 ① 문화의 다원성 이해 ② 일상적 생활방식 이해 ③ 보편적 사고방식 이해 ④ 보편적 문화 지식 이해 ⑤ 언어와 문화의 관계 이해 ⑥ 인위적, 자연적 산물 이해 ⑦ 문화 이해와 실천의 태도 ⑧ 일상 생활 적응력 등을 설정하였다. 이는 한편으로 문화에 대한 이해를 통해 의사소통 능력과 일상생활 능력을 신장할 수 있으며, 다른 한편으로는 인위적, 자연적 산물에 대한 이해를 포함시킴으로써 성취문화를 교육의 대상에 포함시킬 수 있다.

여기에 중국어 문화교육의 목표를 ① 문화교육을 통하여 중국어의 문화적 표현을 익힌다. ② 문화교육을 통하여 중국어 습득과 사용 능력 향상에 기여한다. ③ 목표문화와 모어문화를 비교하면서 문화적 편견을 버리고 객관적으로 바르게 이해, 공감하는 능력을 기른다. ④ 목표문화에 대한 정보를 바르게 얻고 정리하며 평가하는 능력을 기른다. ⑤ 목표문화와 모어문화의 교류 발전에 기여하도록 한다 등 다섯 가지를 통해 중국어 교육 현장에서의 문화 교육의 범위는 중국 언어사회에 존재하는 문화적으로 조건지어진 사실에 대한 이해로부터 중국 문화에 대한 감정이입, 그리고 대표적인 성취문물을 이해할 수 있다. 그리고 이를 통하여 의사소통 능력을 신장시키고 경우에 따라 이문화 사회에 대한 지적 호기심을 충족시키고 필요한 경우 사회적·경제적 행위 수행에 도움을 얻을 수 있을 것이다. 이는 결국 문화 교육이 중국어 교육의 보조적인 기능 수행이라는 위치이며 동시에 중국어 학습과 동시에 진행되는 또 하나의 영역에 대한 학습이라는 이중성을 가질 수 있다. 다만 학습자 개개인의 학습 단계, 학습 동기, 개인적 성향에 따라 달라져야 할 것이다. 다음은 이러한 측면에서 살펴본 중국어 교육의 예이다.

중국 문화 항목의 다단계 교수 수준 설정의 예(초급-중급)

문화 항목	물건사기
수준	초급-중급
주요 내용	물건사기는 초급에서 다루어지는 중요한 소재 중의 하나이다. 그러나 물건사기의 다양한 유형 및 특수한 상황을 고려한다면 물건사기가 초급에만 국한되지는 않을 것이다. 초급에서는 중국에서의 화폐 단위가 '元'이며 물건을 사고 파는 장소로는 주택가 가게로부터 수퍼마켓, 재래시장, 대형할인점, 백화점 등이 있으며 재래시장에서는 보통 값을 흥정하는 것이 관행임을 이야기해 줄 필요가 있다. 그리고 다양한 물건사기의 유형을 역할극 등으로 연습하도록 할 수 있다. 이 이외에도 학습자 단계가 위로 올라갈수록 필요한 경우에는 반품이나 교환은 어디에서 가능한지, 어떤 방법으로 가능한지, 그리고 뜻대로 진행되지 않을 경우 어떤 대안이 있는지 등을 조사해 발표하도록 할 수도 있다.

4. 문화 교육의 방법

현행 중국어 교육 현장에서 채택하고 있는 문화 교육 방법은 매우 다양하다. 이는 크게 중국어 교육과의 통합성의 정도에 따라 나눌 수도 있고 학습자의 액티비티의 동원 수준에 따라 나눌 수도 있다. 중국어 교육과의 통합성의 정도란 중국어의 범주 교육 또는 기능 교육을 할 때 얼마나 자연스럽게 문화적 능력을 키워 주느냐를 의미한다. 여기에서 통합성이 높다는 것은 중국어 교육이 주가 되고 사이사이에 문화적 능력을 키워 주기 위한 방법이 동원됨을 의미한다. 이에 비하여 중국어 교육 현장에서 문화 교육의 목표와 내용이 중국어 범주 교육, 기능 교육과는 별개로 설정이 되고 학습자의 학습 활동이 동원된다면 통합성의 정도가 낮은 것으로 볼 수 있다. 물론 이 경우에도 문화 교육의 목표와 내용이 각 단계 별 학습 목표의 범위를 넘지 않아야 할 것이다. 다음은 중국어 교육과의 통합성이 높은 문화 교육의 몇몇 예이다.

- 물건사기를 소재로 한 대화에서 중국의 재래시장에서는 예로부터 물건 값을 깎는 관행이 있음을 설명하고 학습자들로 하여금 재래시장에서의 물건사기와 관련한 역할극을 하도록 한다.
- 고사성어나 속담을 가르칠 때 유래 또는 배경을 설명해 줌으로써 문화적 이해를 키운다.
- 중국 영화나 드라마를 통한 듣기 교육을 하면서 배경이 되는 사회 문화적 요소를 설명함으로써 이해를 돕는다.

- 신문 읽기 교육을 하면서 '京, 鲁, 晋, 闽, 粤' 등의 단어가 나왔을 때 이는 중국의 역사적, 지리적 원인으로부터 유래하였고 지금은 중국은 각 성별로 약칭이 있다. 이 약칭은 차량 번호판은 물론 식당 간판에서도 볼 수 있음을 말해주고, '성'과 함께 '자치구', '특별행정구'를 지도를 통해 각 성과 도시의 지리적 위치를 설명해 준다. 또한 문학 작품 읽기 교육의 경우에는 주인공의 성격, 배경 사회, 이야기의 전개에 대한 이해를 통하여 중국의 사회 문화를 이해하도록 한다.

다음의 예는 중국어 교육과 통합하여 문화 교육을 주 목적으로 설정하여 설명한 것이다.

- 중국의 문화와 관련한 실물 또는 사진 자료 등 문화 주머니(culture capsule)를 활용하여 중국 문화를 소개한다.
- 중국 음식을 소재로 한 단원을 교육하면서 학습자로 하여금 중국 요리 실습 기회를 주어 참여하도록 한다.
- 태극권, 다도, 놀이 등을 배울 수 있는 기회를 마련하여 참여하도록 한다.
- 초급 단계 학습자가 교재에 포함되어 있는 문화학습란을 읽고 학습자의 모국 문화와는 어떻게 다른지를 이야기해 보도록 한다(학습자 모국어의 사용을 허용함).
- 중국의 사회 문화적 배경이 짙은 비디오를 감상하도록 하고 이에 대한 소감을 묻거나 질문을 하도록 한다. 또는 문학 작품을 읽고 주인공의 성격, 배경 사회의 특징 등에 대하여 의견을 주고 받도록 한다.

- 중국의 문학, 문화, 역사, 사회 등에 대한 특강 시간을 마련하고 학습자로 하여금 여기에 참여하도록 하거나 교과목의 하나로 이러한 과목을 개설한다.

이상의 예는 중국어 교육 현장에서 일반적으로 채택할 수 있는 문화 교육의 일부를 환경에 따라 나누어 본 것이다. 실제 중국어 교육 현장에서 문화 교육은 어떻게 실시되는 것이 좋은가에 대한 방법이다. 의사소통 중심의 교수법이 대두되면서 중요성이 부각된 문화 교육 방법론은 대체로 사회언어학적 관점에서 논의되어 왔다. 이의 대표적인 예로 화용 지도를 통한 문화 교육과 교차문화적 접근을 들 수 있다.

화용(speech act)을 통한 문화 교육 방법은 중국어 화자들의 화행을 이해하고 실제로 연습해 봄으로써 이면에 내재되어 있는 문화적 의미를 학습하여 의사소통 능력을 키우는 일이다. 즉 문화의 구성 요소에서 중요한 비중을 차지하는 신념, 가치관, 태도, 언어 관습 등에 대한 이해는 일상 행위 문화의 이면에 내재되어 있는 중국어 구성원의 관념 세계를 이해하도록 하는 것이 된다. 이에 해당하는 주요 화행으로 거절하기, 불평하기, 칭찬하기와 감사하기, 요청하기, 제안하기 등을 들 수 있는데 역할극, 토론과 같은 적절한 활동을 동원한다면 학습 효과를 키울 것이다.

교차문화적 접근은 사회언어학적 관점에서 널리 쓰이는 문화 교육 방법이다. 여기에서 주로 사용되고 있는 개념은 (민족적, 인종적) 정체성, 상호작용, 문화적 상대주의, 이문화 간의 관계, 이해, 동조, 통찰력, 비교, 참여 관찰 등 다양하다. 특히 최근에는 교차문화적 비교(Cross-cultural Comparison)는 최근에 널리 적용되고 있는 방법이다.

특정 주제나 소재와 관련하여 모국 문화와 중국 문화 사이에 나타나는 차이점을 비교한다면 이문화에 대한 인식이 효과적으로 이루어진다. 문화의 본질을 통찰하기 위해서는 모국 문화와 중국 문화 사이의 비교가 중요하다. 언어 예절, 옷차림, 명절, 유머, 미신, 정부 조직, 레저 생활 등과 관련하여 토론을 하거나 자료를 조사하여 설명한다면 학습자의 중국 문화에 대한 자각은 빠르게 진행이 될 것이다.

이러한 기본적인 개념과 함께 최근에 강조되고 있는 방법론은 과제 해결적 접근, 협동적 접근으로 Tomalin & Stempleski(1993)는 이를 다음과 같이 정리하고 있다.

첫째, 짝 활동 또는 그룹 활동을 통해 문화적 단편들을 모으는 작업을 수행한다.
둘째, 활동에 참여한 구성원이 발견한 것을 공유하고 토론하여 완전한 작품을 만들어 낸다.
셋째, 목표 문화와 모국 문화의 비교라는 차원에서 그러한 정보들을 해석한다.

이와 함께 Tomalin & Stempleski는 문화적 이미지와 상징을 인식하기, 문화적 소산물 이해, 일상생활 패턴 음미, 문화적 행위 음미, 의사소통의 패턴 음미, 가치와 태도의 개발, 문화적 경험의 확대 등 7개 영역에서 구체적으로 어떤 액티비티와 과제 수행 활동이 가능한지를 보여주고 있다. 각 문화 학습 활동에 대하여 목적, 사용 자료, 수준, 소요 시간, 준비물, 수업 적용 방법, 방법의 변형, 참고사항 등을 자세히 기술함으로써 계획적이고 체계적인 운용이 가능하도록 하고 있다. 여기에 제시된 활동의 종류만도 82가지로 교육 현장에서 유용하게 활용될 수 있다. 마지막으로 강의 수강, 특강 참여 등 인지적 활동을 통한 문화 학습이다. 이는 일상 생활의 체험만으로는 도달이 되지 않거나 접근하기 힘든 문화 주제를 다루는 데 효과적이다. 주제의 선정이나 사용 언어는 학습자 단계에 따라 주제가 달라진다. 이는 일종의 설명의 방식으로 볼 수 있지만 특정 문화 요소에 대하여 체계적이고 포괄적으로 접근할 수 있으며 '문화' 중심으로 진행된다는 점에서 중국어 수업 시간의 설명이나 교재 설명 방식과 다르다. 이외에도 문화 교육 방법론과 관련하여 교육계의 논문도 비교적 활발하고 다양하게 발표되고 있다.

5. 문화 교육의 내용

▌중외 문화 비교 및 문화 간 커뮤니케이션

교사는 중국 문화와 각 분야별 기본적인 지식을 갖추는 한편으로 관련된 지식을 교수 활동에 응용하여 학습자로 하여금 중국 문화에 흥미를 가진 채로 중국어를 학습할 수 있게 하고, 중국 문화의 풍부한 콘텐츠와 중국의 기본적인 문화를 이해할 수 있도록 교육해야 한다. 또한 중국과 외국 문화의 비슷한 점과 다른 점에 관해 이해해야 하며, 중국학과 문화 간 커뮤니케이션에 관한 주요한 개념을 숙지하고 있어야 한다. 그렇게 하여 문화와 문화 간 교류가 언어 교육에 미치는 영향에 대해서도 이해하고 있어야 하고, 내용에 관한 이론과 지식을 실제 교수 현장에 응용할 수 있어야 한다. 교사는 화용론에 관한 지식을 갖추어야 함은 물론, 그 내용을 수업 중에 운용하여 학생들의 커뮤니케이션 능력을 길러 줄 수 있어야 한다. 아울러 교사는 중국학에 관한 기본 지식을 갖추는 것은 물론, 국제 중국학 연구 개황을 숙지하여 그 내용을 교수 과정에 운용할 수 있어야 한다.

<문화와 문명>

▌교사는 중국 문명과 외국 문명의 특징 및 그 역사에 관해 알고 있어야 한다.

• 세계 문명에 관한 기본 지식을 숙지하여 교수 과정에 적절하게 넣어 소개할 수 있어야 한다.
• 세계 문명의 발전 과정을 숙지한 뒤 이를 중국 문명의 발전 과정과 연관시켜 비교하면서 알맞은 방법을 통해 강의에 응용할 수 있어야 한다.
• 세계 문화의 다원성과 문화의 분류에 대해 이해하는 것은 물론, 교수 과정 중에 서로 다른 문화에 대한 이해와 존중을 구현해 낼 수 있어야 한다.
• 세계 문화사 중에서 중요한 시기, 중대 사건, 중요 인물 등을 숙지한 뒤, 중국 문화를 교수하는 과정에서 세계 문화와 비교하는 교육을 실시할 수 있어야 한다.
• 세계의 중요한 문화 유산과 외국의 주요 명절에 대해 파악한 다음 그 내용과 관련이 있는 중국 문화 유산과 주요 명절을 비교해 낼 수 있어야 한다.

<문학과 예술>

▌ 교사는 중국 문학과 예술에 대한 기본적인 지식을 갖추는 것은 물론, 그 내용을 교수 과정에 운용할 수 있어야 한다

• 중국 문학과 예술에 관하여 비교적 풍부한 지식을 갖추는 것은 물론, 그 내용을 정확하고 객관적으로 소개하고 강의할 수 있어야 한다.
• 심오한 내용이 담긴 중국 고대, 근대, 현대 문학과 음악, 서예와 회화, 조경과 건축 등 예술의 기본적인 개념을 구체적인 예를 들어가

며 이해하기 쉽게 강의할 수 있어야 한다

- 학습자의 문화 배경과 언어 수준 및 개인 취향에 맞는 교수 방식과 수단을 선택할 줄 알아야 한다.
- 교사 자신의 예술적 재능을 교수 과정에 응용 할수 있어야 한다.
- 실제 교수 대상과 교수 목표에 알맞은 교수 자료를 선택할 줄 알고 학습자의 반응에 따라 때를 놓치지 않고 관련 교수 내용의 심도와 범위를 조절해 나갈 수 있어야 한다.

<역사 문화>

▌ 교사는 중국 역사와 문화에 대한 기본적인 지식을 갖추는 것은 물론, 그 내용을 교수 과정에 운용 할 수 있어야 한다

- 중국어를 가르치면서 중국 역사와 문화 지식을 적절하게 넣어 교육할 수 있으며 수업 상황이나 교수 자료의 실제 형편에 맞추어 중국 역사와 문화에 관한 지식을 선택하여 강의할 수 있어야 한다.
- 학습자의 문화적 배경, 개인 형편 및 언어 수준에 맞는 교수 방식과 수단을 선택하여 중국 역사와 문화를 소개할 수 있어야 한다.
- 중국 역사와 문화에 관한 비교적 풍부한 지식을 갖추는 것은 물론, 이에 관해 정확하고 객관적으로 소개하고 강의할 수 있어야 한다.
- 유엔에서 지정한 <세계 문화 유산>에 들어간 중국의 문화 유산에 대해 설명해 줄 수 있어야 한다.
- 학습자의 반응에 따라 때를 놓치지 않고 가르치는 역사 지식의 심도와 범위를 조절하면서 강의하여 학습자가 중국 역사와 문화에 관해 스스로 학습할 수 있는 능력을 기를 수 있도록 키워줄 수 있어야 한다.

<민속>

▌교사는 중국 민속 문화에 대한 기본적인 지식을 갖추고, 그 내용을 교수 과정에 운용할 수 있도록 민속 문화의 주요 내용과 특징을 숙지하는 한편, 그 내용을 정확하고 객관적으로 소개할 수 있어야 한다.

- 복잡한 내용이 담긴 중국 민속 문화의 기본 지식을 구체적인 예를 들어가며 이해하기 쉽게 강의할 수 있어야 한다.
- 교수 환경과 교수 목표 및 학습자의 배경과 언어 수준에 맞게 민속 문화 관련 자료를 선택할 수 있으며 이를 적절한 교수 방식과 수단을 사용하여 소개하고 강의할 수 있어야 한다.
- 학습자의 반응에 따라 때를 놓치지 않고 관련된 중국 민속 문화 내용의 심도와 범위를 조절해 나갈 수 있어야 한다.

<중국 국정>

▌교사는 중국 국정에 대한 기본적인 지식을 갖추는 것은 물론, 그 내용을 교수 과정에 운용할 수 있어야 한다. 또한 중국과 외국의 정치 체제와 법률 체계의 비슷한 점과 차이 나는 점을 알고 있어야 한다.

- 현대 중국 사회의 정치, 경제, 문화 및 교육 등의 분야에서 이룬 성과와 발전상에 관해 관심을 가지고 지켜보면서 그 내용을 이해하고, 한편으로 중국 국정에 관한 폭넓은 지식을 갖추어 그 내용을 정확하고 객관적으로 소개하고 강의할 수 있어야 한다.

• 중국어를 가르치면서 중국 국정에 관한 지식을 적절하게 넣어 교육할 수 있어야 한다. 교수 환경과 교수 목표 및 학습자의 배경과 언어 수준에 맞는 교수 방식과 수단을 선택하여 중국의 기본적인 국정을 소개할 수 있는 능력을 갖추어야 한다.
• 중국과 세계 다른 국가의 정치 체계와 법률 체계의 비슷한 점과 다른 점에 관해 숙지하고 그 내용을 적절한 방법으로 학생들에게 소개하고, 중국 국정에 관한 민감한 문제가 나왔을 때 적절한 방법으로 그 상황을 처리 할 수 있어야 한다.

<종교 및 철학>

▌ 교사는 중국의 주요한 철학 사상 및 종교 문화에 대한 기본적인 지식을 갖추는 것은 물론, 그 내용을 교수 과정에 운용할 수 있어야 한다. 또한 세계 주요 종교와 주요 철학 사상에 대한 기본 지식을 숙지하여 교수 과정에 맞게 구현시킬 수 있어야 한다.

• 중국의 유교와 불교, 도교 등의 철학 사상과 종교 문화에 관한 기초 지식을 갖추어 그 내용을 정확하고 객관적으로 소개하고 강의할 수 있어야 한다.
• 심오한 내용이 감긴 중국 주요한 철학 사상과 종교 문화를 이해하기 쉽게 강의하여 학습자가 그것에 관한 기본적인 지식을 익힐 수 있도록 하게 해야 한다.
• 교수 환경과 교수 목표 및 학습자의 문화-종교적 배경과 언어 수준에 맞는 교수 방식과 수단을 선택할 줄 알아야 한다.
• 학습자의 반응에 따라 때를 놓치지 않고 관련 교수 내용의 심도와

범위를 조절해 나갈 수 있어야 한다.

- 진시황 이전 시대의 제자백가 철학, 송나라와 명나라 때의 성리학 사상 등 중국의 주요 철학 사상과 종교 문화와 중국 현대 문화의 관계에 대해 숙지해야 한다.
- 중국 종교의 현재 상태를 파악하여 소개할 수 있어야 한다.
- 세계 주요 종교의 예배 형식과 명절 등을 이해하는 한편으로 각종 종교적 풍습을 이해할 줄 알며 그 내용을 교수 과정과 교류 과정에 적절하게 응용해 낼 수 있어야 한다.
- 동양 철학과 서양 철학의 비슷한 점과 다른 점을 이해하는 한편으로 교수 내용에 맞추어 그 이해한 내용을 첨가하여 구현할 수 있어야 한다.
- 서로 다른 종교관을 가진 사람 또는 다른 철학관을 가진 사람들과 우호적으로 교류할 줄 알아야 한다.

<시사와 외교>

▌ 교사는 세계적으로 발생한 중대하고도 새로운 소식을 그때그때마다 잘 파악하여 알맞은 방법을 통해 교수 과정에 운용할 수 있어야 한다.

- 중요한 세계 시사문제가 일어날 때마다 그 내용에 대해 이해하고 그 내용을 교수 과정에 적절하게 응용해 낼 수 있어야 한다.
- 교사가 살고있는 국가의 정치와 문화에 관련된 기본적인 상황을 이해하며 그 지역의 사회 규범 및 가치관을 존중할 줄 알아야 한다.

참고문헌

강성조(2020), 중국어교과교육론-이론과 실제-, 신아사.

김영민 외(2015), 중국어교수법연구, 박이정.

김병원(1987), 말과 글의 특성과 언어 교육과정의 구성, 교육과정연구회.

김지선 역(2009), 학습분석과 디자인, 어문학사.

남기심(1999), 언어의 사회.문화적 기능, 한국방송대학교 출판부.

정길정, 연주흠 편저(1996), 외국어 읽기 지도의 이론과 실제, 한국문화사.

맹주억(1985), 중국어 발음교육에 관한 연구, 중국학연구 제2집, 23-48.

박효정(1982), 교사의 인지양식과 질문행동과의 관계연구, 숙대 석사논문.

백종인 외(2014), 중국어 교육의 이해, 신아사.

엄익상 외(2008), 중국어교육론, 한국문화사.

이미혜(2002), 21세기 한국어교육학의 현황과 과제, 한국문화사.

오길용(2022), 중국어학입문, 신아사.

오길용(2022), 중국의 이해, 신아사.

오길용(2022), 현대중국어문법, 신아사.

오길용(2017), 중국어문형, 신아사.

윤숙연(2010), 신HSK, 시사중국어사.

장한업(1989), 외국어-불어 교육학 개론, 도서출판 하우.

정정섭(1982), 외국어교육의 기초와 실천, 동원출판사.

제정환(1984), 듣기-말하기 능력 신장을 위한 교수모형 연구, 부산대 석사논문.

왕옥지(2001), 중국어 발음교육 방법 연구, 중국인문과학.

박덕준(2000), 조선대학교 중어중문 연합학술대회 발표요지문.

김현진(2003), 국제한국어교육학회 제 13차 국제학술대회 발표요지문.

김중섭(2002), 한국어 교육 제13권 1호, 국제한국어교육학회.

한국언어문화학(2004, 2009, 2010), 국제한국어문화학회.

한국방송통신대학교 평생교육원 편(2005), 외국어로서의 한국어교육학.

中國人文科學, 中國人文學會.

劉珣(2000), 對外漢语教學引論, 北京语言學院出版社.

胡文華(2008), 漢字與對外漢字教學, 學林出版社.

周健(2007), 漢字教學理論與方法, 北京大學出版社.

盛炎(1990), 语言教學原理, 重慶出版社.

程鎮球(1980), 飜譯問題探索, 北京:商務印書館.

佟慧君(1986), 外國人學漢语病句分析, 北京语言學院出版社.

房玉淸(1992), 實用漢语语法, 北京语言學院出版社.

郭錦桴(1990), 聽力構成和聽力教學的構想, 中國對外(1990), 226-236.
國家對外漢语教學領導小組漢语水平考試部編(1990), 漢语水平考試大綱, 現代出版社.
李明·白雪林 等編(1990), 中級漢语聽和說, 北京语言學院出版社.
李明·石佩雯 編著(1986), 漢语普通話语音辨正, 北京语言學院出版社.
Light, Timothy(1987), 現代外语教學法-理論與實踐, 北京语言學院出版社.
劉德聯, 高明明(1990), 趣味漢语, 北京大學出版社.
劉英林(1989), 漢语水平考試研究, 北京:現代出版社.
呂必松(1990), 對外漢语教學發展概要, 北京语言學院出版社.
魯寶元(1984), 對外漢语教學中的快速閱讀訓練, 中國對外漢语教學學會 編(1990).
肖君石(1982), 漢英.英漢飜譯初探, 北京:商務印書館.
楊賀松(1991), 中國家常, 北京大學出版社.
邢公畹(1981), 怎樣學好漢语, 语言教學與研究 1981. 2期, 對外漢语教學論集(1979-1984).
許樹安 等(1987), 中國文化知識, 北京语言學院出版社.
許樹安 等(1990), 中國文化知識(續編), 北京语言學院出版社.
《语言教學與研究》編輯部編(1985), 對外漢语教學論集(1979-1984), 北京语言學院出版社.
張亞軍(1990), 對外漢语教法學, 北京:現代出版社.
趙寶榮 等 編(1987), 應用文寫作方法, 北京理工大學出版社.
高橋均(1976), 中國语解析の基礎, 大修館書店.
井坂孝雄 編著(1986), 中國语放送聞き取り實踐教室, 東京:金星堂.
楊立明 等(1986), 中國文化基礎知識, 東京:東方書店.

Anderson, A., & Lynch, T.(1988), Listening. Oxford: Oxford University Press.
Brown, G. & Yule, G.(1994), Teaching the Spoken Language, Cambridge University Press.
Brown, H. D.(1994), Teaching by Principles, Englewood Clifs, NJ: Prentice-Hall.
Littlewood, W.(1981), Communicative Language Teaching, Cambridge University Press.
Morley, J.(1991), Listening Comprehension in Second/Foreign Language Instruction, In Celce-Murci, M.(Ed.), Teaching English as a Second orForeign Language(2nd ed.), Boston: Newbury House.
Richards, J. C.(1983), Listening Comprehension: Approach, Design, Procedure, TESOL QUARTERLY, 17(2), 219-241.
Rings, L.(1986), Authentic language and authentic conversational texts, Foreign Language Annals, 19, 203-208.

Rost, M.(1990), Listening in Language Learning, London and New York: Longman. Cambridge University Press.

Underwood, M.(1989), Teaching Listening, London: Longman.

Ur, P.(1984), Teaching Listening Comprehension, Cambridge: Cambridge University Press.

Krashen, S & T.Terrel(1983), The Natural Approach:Language Acquisition in the Classroom, Oxford:Pergamon and Alemany. (박경자·조인정 공역, 1989, 자연교수법, 서울:한신문화사).

Brown, H. D.(1994), Principles of Language Learning and Teaching(3rd ed.), Prentice Hall Regents.

Clarke, M. A(1996), Choice Reading. The University of Michigan Press.

Gertrude Heyd(1990) Deutsch Lehren. Vertrag Moritz Diestweg. Frankfurt am Mainaimes.

오길용

전북대학교 중어중문학과 졸업
전남대학교 대학원 문학석·박사
현 군산대학교 중어중문학과 교수

저서

한문의 세계, 한문의 즐거움, 레벨업 중국어, 중국고전소설강독, 기초한자와 한문 익히기, 현대중국어 문법, 중국어 문형, 현대중국어의 기초, 중국 현대화의 길, 한문강독, 중국어학 입문, 중국의 이해, 중국어 교과내용 교수법 디자인 그 외 다수

중국어 예비교사를 위한

중국어 언어기능 교수법 디자인

초판 1쇄 발행 _ 2023년 1월 30일

저 자 · 오 길 용
발 행 인 · 정 현 걸
발 행 · 신 아 사
인 쇄 · 대명프린팅
출판등록 · 1956년 1월 5일 (제9-52호)
주 소 · 서울시 은평구 통일로 59길 4(2F)
전 화 · 02)382-6411 · 팩스 02)382-6401
홈페이지 · www.shinasa.co.kr
E-MAIL · shinasa@daum.net

ISBN 979-11-92428-45-1 (93720)

정가 14,000원